Papéis de poesia II

FUNDAÇÃO EDITORA DA UNESP

Presidente do Conselho Curador
Mário Sérgio Vasconcelos

Diretor-Presidente / Publisher
Jézio Hernani Bomfim Gutierre

Superintendente Administrativo e Financeiro
William de Souza Agostinho

Conselho Editorial Acadêmico
Divino José da Silva
Luís Antônio Francisco de Souza
Marcelo dos Santos Pereira
Patricia Porchat Pereira da Silva Knudsen
Paulo Celso Moura
Ricardo D'Elia Matheus
Sandra Aparecida Ferreira
Tatiana Noronha de Souza
Trajano Sardenberg
Valéria dos Santos Guimarães

Editores-Adjuntos
Anderson Nobara
Leandro Rodrigues

ANTONIO CARLOS SECCHIN

Papéis de poesia II

editora
unesp

© 2022 Editora Unesp

Direitos de publicação reservados à:
Fundação Editora da Unesp (FEU)
Praça da Sé, 108
01001-900 – São Paulo – SP
Tel.: (0xx11) 3242-7171
Fax: (0xx11) 3242-7172
www.editoraunesp.com.br
www.livrariaunesp.com.br
atendimento.editora@unesp.br

Dados Internacionais de Catalogação na Publicação (CIP) de acordo com ISBD
Elaborado por Vagner Rodolfo da Silva – CRB-8/9410

S444p   Secchin, Antonio Carlos

Papéis de poesia II / Antonio Carlos Secchin. – São Paulo: Editora Unesp, 2022.

Inclui bibliografia.
ISBN: 978-65-5711-170-3

1. Literatura brasileira. 2. Poesia. I. Título.

CDD 869.1
2022-3356   CDU 821.134.3(81)-1

Editora afiliada:

Sumário

Variadas maneiras de ler, discutir e
escrever poesia   *7*
Marisa Lajolo

Ensaios

O despertar para a escrita   *11*
Em torno do verso   *17*
A poesia na internet   *21*
Os trinta versos de um soneto   *27*
Percursos da poesia brasileira   *35*
Pernambuco e poesia   *49*
Um poeta alagoano   *55*
Um poeta na Guerra de Canudos:
Francisco Mangabeira   *63*
Os fantasmas clandestinos
de Cecília Meireles   *69*
Uma efeméride: 100 anos de *Carnaval*   *75*
João Cabral: tradutor e traduzido   *83*

As marcas do exílio na poesia
de Ferreira Gullar   *91*
Caetano Veloso: Londres e São Paulo   *101*
À beira do poema   *115*
O poema e a circunstância   *121*
Uma tradução de "Mattina", de Ungaretti   *131*
A rainha Sophia   *135*

Quatro discursos

Ferreira Gullar, doutor *honoris causa*
pela UFRJ   *141*
O tríptico do afeto   *149*
Geraldo Carneiro e os deuses da alegria   *163*
Gilberto Mil   *179*

Entrevistas

Entrevista ao *Jornal de Letras*, Portugal   *199*
Entrevistas sobre João Cabral em 2020   *205*

Autobiografia desautorizada   *231*
Procedência dos textos   *237*
Obras de Antonio Carlos Secchin   *239*

Variadas maneiras de ler, discutir e escrever poesia

Sorte do leitor que tem em mãos este livro. *Papéis de poesia II* proporciona momentos de deslumbramento ao percorrer as veredas da poesia, mapeadas pelas sábias e sensíveis mãos do autor.

O título já antecipa seu assunto: a poesia. A propósito dela, Antonio Carlos Secchin compartilha com seus leitores variadas maneiras de ler, de discutir e — até! — de escrever poesia. Devassa bastidores de alguns de seus poemas, apresenta o percurso de suas leituras de poemas alheios e não hesita em discutir, com muita sensibilidade, aspectos gerais da poesia. Este gênero tão especial de produção literária com certeza já causou insônia a muita gente ao se perguntar: *...afinal, o que é mesmo a poesia?*

Sem a ingenuidade de responder de frente a essa questão milenar, ao longo da discussão voltada para poetas e poemas, evidenciam-se a beleza e a profundidade com que Secchin discute poesia. Não faltam sequer discretos toques de humor, para o leitor sorrir e dizer: *"Ah! Então é isso!"*.

Manuel Bandeira, Gilberto Gil, Ferreira Gullar, Gonçalves Dias, Dante Milano, Cecília Meireles e muitos outros e outras são personagens. Mas há outros figurantes: Poesia e internet: parceiras? Adversárias? E a poesia de circunstância? Além disso, Secchin comparece de corpo inteiro, em uma bela entrevista, ao lado de divertida e instigante autobiografia desautorizada.

Em tudo e por tudo isso, este livro propõe um belo passeio pelo território da poesia que, como diz Secchin, é "linguagem descompromissada com o caráter utilitário da palavra".

Marisa Lajolo

Ensaios

O despertar para a escrita

Somos nós que a despertamos, muito embora fosse mais fácil deixá-la adormecida. Na desencantada lição de João Cabral de Melo Neto, "Fazer o que seja é inútil". Mas persistimos, como sinaliza Fausta Cardoso Pereira, em busca de um *Bom Caminho*, sustentados também pelo desassombro com que Ana Margarida de Carvalho nos convoca para dizer: *Que importa a fúria do mar?*. Ainda que a escrita, na lição de João Tordo, possa gerar *O livro dos homens sem luz*, uma ínfima claridade escapa e se propaga da luz das palavras. "Ai, palavras, ai, palavras, que estranha potência, a vossa!", escreveu Cecília Meireles. Tão estranha e singular potência que, na literatura, a luz não emana do alto, mas nasce do chão humano, demasiadamente humano. Ferreira Gullar intitulou *Uma luz do chão* o ensaio em que fala do que, para si, é a poesia. Em famoso poema, "Tecendo a manhã", João Cabral fala de um dia que nasce da terra, tecido pelos fios de sol dos bicos dos galos.

Se quase todo lirismo é um discurso sobre o que pode morrer, a criação é um gesto contra a morte, ainda quando aparentemente a celebre. Disse Baudelaire: a dor ritmada enche o coração de um plácido contentamento. A consequência do contentamento se sobrepõe à causa da dor. Até a dor pode ser uma espécie de felicidade, segundo Mário de Andrade. Quero dizer que a turbulência e a desestabilidade podem assolar um escritor infeliz, mas o texto é muito mais sábio do que seu autor, e muitas vezes funcionam contra o, ou a despeito do, sentimento do próprio autor.

Sugere a segunda parte do título deste painel: o "sonho do que vai ser". [1] Nenhum sonho, a rigor, pode ser, porque, sendo, corre o risco de tornar-se real, e abdicar da imensa riqueza potencial de tudo aquilo que o abastecia infinitamente em sua não realidade, reduzida, de repente, a uma concretização sempre menor do que prometia antes de sua materialização. Certa feita, escrevi que a obra de um poeta talvez se resuma à soma de seus versos e à multiplicação de seus sonhos – não para serem realizados, mas disseminados.

Na literatura, o pesadelo é um tipo de sonho bem recorrente. Com frequência o que estampa, de início, como o aconchego de um sonho bom, logo se esgueira para a encenação de um mal-estar cósmico, como se percebe neste meu soneto, que poderia, inicialmente, resumir-se à plácida contemplação de uma noite estrelada:

> À noite o giro cego das estrelas,
> errante arquitetura do vazio,
> desperta no meu sonho a dor distante
> de um mundo todo negro e todo frio.

---

1 Painel "Encontro de Escritores Lusófonos", no âmbito da V Bienal de Culturas Lusófonas, em Odivelas (Portugal), 19.5.2015.

Papéis de poesia II

Em vão levanto a mão, e o pesadelo
de um cosmo conspirando contra a vida
me desterra no meio de um deserto
onde trancaram a porta de saída.

Em surdina se lançam para o abismo
nuvens inúteis, ondas bailarinas,
relâmpagos, promessas e presságios,

sopro vácuo da voz frente à neblina.
E em meio a nós escorre sorrateira
a canção da matéria e da ruína.

Prosseguem os subtítulos deste painel: "Os momentos do acontecer. As vivências." Aqui, impossível não cogitar de um poema de autor pouco conhecido inclusive no Brasil, Dante Milano, um modernista classicizante, se for possível o paradoxo. O poema se chama "Momento", nele há dois tipos de acontecer e duas vivências. O traumático acontecer e vivenciar do que foi expresso, talvez em época afastada do presente, mais o instante do acontecer da enunciação, que tenta dar algum sentido à experiência vivida. Transcrevo:

Esqueço-me dos anos, e dos meses,
E dos dias, das datas. Mas às vezes
Lembro-me de momentos. Rememoro
Um que me fez chorar. E ainda o choro.
Recordo-me de uma hora, céu cinzento,
A terra sacudida pelo vento,
Um terrível momento escuro e imundo

Antonio Carlos Secchin

Em que me vi perdido e só no mundo,
Sob os trovões, e estremecendo às vezes
Entre relâmpagos e lividezes...
Lembranças, não antigas, mas presentes.
Lembranças, não saudades, as ausentes.
Sem novas esperanças que despontem
O dia de hoje me parece o de ontem.
Nenhuma data, em mim, nenhuma festa.
Meu amanhã é o pouco que me resta.
Eu sou o que não fui e o que quis ser.
Já fiz o que me resta por fazer,
E bem no fundo do meu ser obscuro
Lembro-me antigamente do futuro...

Com sabedoria, o poeta sabe que o momento vale mais do que os anos, meses, dias, datas, marcações protocolares, externas e alheias ao abalo sísmico de sua sensibilidade, que ele localiza em específicos momentos. Num jogo subversivo de temporalidades, o poeta pode lembrar-se de seu futuro, na medida em que, aprisionado nos pesadelos de seu passado, o que há de vir reencenará o que há e o que já foi. Aprisionado nesse passado traumático, Dante Milano pareceria responder "não" ao tópico seguinte deste painel: "E quando a escrita acontece, nada permanece como antes?". Nele, a escrita reitera, mais do que exorciza, uma vivência dilemática. Todavia, não caiamos tão rapidamente nas armadilhas que o texto apresenta. A escrita literária modifica tudo, pois não lhe cabe reportar, e sim inventar o passado, independentemente dos nexos de maior ou menor "verdade" que se estabeleçam entre os textos e os dados referenciais. A memória existe para servir à imaginação, não para se sobrepor a ela.

Papéis de poesia II

Entre o vivido e o recordado se interpõe um mar brumoso de silêncio e desmemória. Narrar-se é lançar sinais e sentidos a esse mar, na tentativa inútil de resgatar incólume o náufrago de nós mesmos, todavia perdido, para sempre, numa ilha inacessível à prospecção da verdade. No entanto, insistimos em fazer autorretratos e autorrelatos, insistimos em crer nessa (im)possibilidade de que o passado retorne em seu vigor, assim como as crianças creem que é o boneco, e não o velho ventríloquo, quem está a lhes entreter.

Esse eu ventríloquo e excessivo, que encharca o passado, e tudo o mais que lhe seja circunstante, necessita amparar-se em diversos outros bonecos, inclusive no outro que ele supõe ter sido, para, no ponto derradeiro do discurso biográfico, afirmar, jubiloso: eis-me aqui, enfim completo! Não, não estou aqui (porque o discurso, a cada momento, me projeta; já me localizo duas linhas à frente daquela em que afirmei situar-me). Tampouco passei por ali, naquele passado: quem lá esteve foi alguém que não mais sou, mas que finjo ainda ser-me para lançar uma ponte contra a incontornável consciência da descontinuidade e da dissipação. Situações, pessoas, bichos, livros, gozos, canções e paisagens se mesclam na matéria precária que argamassa a fictícia ponte.

A memória não é feita daquilo que queremos lembrar, mas daquilo que insiste em não se esquecer de nós. Por esse viés, somos a memória do outro: não existiria "auto", e sim, forçosamente, "alterobiografia". Neste depoimento, apresento, em ordem não cronológica, mas alfabética, certos seres e objetos que me assediam, e de que me abasteço para dar coerência e sustentação ao desejo de inventar-me sob a forma de alguma verdade; objetos e seres, porém, eventualmente temperados por antídotos, para relativizar minha própria crença em tudo isso.

Antonio Carlos Secchin

Finalmente, o subtítulo deste painel propõe: O que nos pode ser revelado. O que ensina ou revela um escritor, mais especificamente um poeta? Se não soar presunçoso, gostaria de apresentar minha versão, através de um poema, que é, também, uma confissão de modéstia frente à potência desnorteadora da palavra. Ele se chama "Autorretrato":

Um poeta nunca sabe
onde sua voz termina,
se é dele de fato a voz
que no seu nome se assina.
Nem sabe se a vida alheia
é seu pasto de rapina,
ou se o outro é quem lhe invade,
com a voragem assassina.
Nenhum poeta conhece
esse motor que maquina
a explosão da coisa escrita
contra a crosta da rotina.
Entender inteiro o poeta
é bem malsinada sina:
quando o supomos em cena,
já vai sumindo na esquina,
entrando na contramão
do que o bom senso lhe ensina.
Por sob a zona da sombra,
navega em meio à neblina.
Sabe que nasce do escuro
a poesia que o ilumina.

Em torno do verso

Em 1980, Carlos Drummond de Andrade publicou *A paixão medida*. Valho-me desse belo título para desenvolver algumas reflexões sobre o verso. De certo modo, podemos considerar o poema como a prática de uma "paixão" que, simultaneamente, se insere em alguma "medida", num andamento rítmico que lhe dá força e expressão.

Um dos maiores equívocos que se perpetuam, inclusive em salas de aula universitárias, é o de que, em contraposição ao verso tradicional, o livre não tem métrica! Ora, a métrica é exatamente o que define o verso, em oposição à prosa, cujo limite é estabelecido pela mancha tipográfica do fim de uma linha, e não pelo recorte (rítmico) arbitrado pelo poeta. O que se pode dizer é que o verso livre não apresenta métrica regular, constante, mas nunca que prescinde de alguma "medida", sem o quê não seria verso. Sem falar, ainda, em certos experimentos do final do século XIX/início do XX, quando poetas, desejosos de ampliar os horizontes expressivos do poema, porém sem atingir o patamar do verso livre, valeram-se da forma intermediária dos "versos polimétricos", que rompiam a rígida simetria dos predecessores ao mesclarem medidas diversas num mesmo texto, respeitando, porém, alguns parâmetros de regularidade na elaboração de seus desvios, por exemplo: submissão das métricas ao limite infranqueável de doze sílabas; manutenção de um modelo reiterativo de variação métrica ao longo do texto, cerceando a livre expansão do verso.

Outro equívoco, ainda mais rudimentar, consiste em definir verso livre a partir da inexistência da rima. Ora, verso livre é matéria estritamente rítmica, conforme assinalamos, sem nada a ver com a questão eufônica da rima. O verso sem rima é denominado "branco", e é de prática antiquíssima. Vide, em nossas letras, *O Uraguai* (1769), de Basílio da Gama, em decassílabos brancos. Como, porém, a dupla "métrica/rima" costumava vir unida, tomou-se uma coisa pela outra, na errônea concepção de verso livre pelo viés da rima.

Na literatura brasileira, a atribuição do pioneirismo no emprego do verso livre é assunto controverso. O simbolista Mário Pederneiras é o nome mais citado, embora antes dele os hoje também ignorados Guerra-Duval e Alberto Ramos (sob o pseudônimo de Marcos de Castro) tenham praticado a modalidade – que se consolidou, de fato, na década de 1920, após a Semana de Arte Moderna de 1922.

É inegável a fecunda contribuição, o sopro renovador do verso livre contra o engessado domínio do subParnasianismo que entre nós grassava nos primeiros anos do século passado. A consideração, todavia, deve ser matizada, pois não é a utilização (ou a recusa) de um recurso em si que irá previamente assegurar a qualidade de um texto. Ao romper as barreiras da métrica regular, o verso livre forneceu a (falsa) perspectiva de um facilitário irrestrito: bastava alguém *não saber* metrificar para dizer-se poeta.

Papéis de poesia II

Algo bem diverso da simples *ignorância* do verso tradicional foi sua *superação* por parte de quem o dominava com mestria – e a obra de Manuel Bandeira é cabal demonstração do fenômeno: partiu do exercício inicial com formas consolidadas para o extraordinário versilibrismo de *Libertinagem*, de 1930. Sem nos esquecermos de grandes poetas que trilharam o caminho inverso: Jorge de Lima, Carlos Drummond de Andrade, Murilo Mendes, partidários do verso livre na década modernista, retornaram à "paixão medida" cerca de vinte anos depois. Muitos críticos, inclusive, consideram que nessa prática se inscreve o que de melhor Drummond produziu, em *Claro enigma*, de 1951.

Deve-se evitar o erro de considerar o verso livre *necessariamente* superior ao metricamente regular, legislando-se ditatorialmente em nome da liberdade. Onde o poeta colhe seus melhores resultados, aí reside o efetivo espaço de sua manifestação criadora. O cerceamento por barreira voluntária às vezes é combustível que faz girar a máquina poética. Em prol da hegemonia do verso livre, recalca-se, por exemplo, o fato de que quase toda a obra de um dos maiores poetas brasileiros do século XX, João Cabral de Melo Neto, é pautada pela observância de métrica e rima regulares. Se, de um lado, a rima restringe o universo vocabular, de outro, *exatamente por isso*, pode conduzir a imagens inesperadas, que, sem ela, provavelmente jamais ocorreriam ao poeta.

Um renomado e talentoso escritor contemporâneo, tentando menosprezar certa visão do poema, declarou que não lhe interessava a poesia como "caixinha de sonoridades". Retomemos a imagem. Sim, em geral pela curta extensão, o poema é uma "caixinha", mas que pode conter todas as sonoridades, não apenas as que os "caciques" designam como "poeticamente corretas". Sim, que nela caibam todos os ritmos, os regulares, os não regulares, as rimas, as não rimas, as dissonâncias, as eufonias. Caixinha que condensa a linguagem em seu estado de máxima potência: para essa vocação talvez sirva a poesia, que não se deixa capturar em nenhuma fórmula de modelo ou de antimodelo.

A poesia na internet

Fahrenheit 451 é um romance de Ray Bradbury, de 1953, depois levado à tela por François Truffaut em 1966. Ele corresponde ao que nós chamamos de distopia, na imagem infernal de uma civilização sem livros, queimados por bombeiros — o papel se queima a essa temperatura, 451 graus Fahrenheit. Havia, porém, uma comunidade clandestina que perpetuava oralmente a herança escrita, impedindo que ela desaparecesse. Bela representação da resistência da memória contra o esquecimento.

Hoje a memória "física" individual pode dar-se ao luxo do esquecimento porque dispõe de outras poderosas fortalezas para abrigá-la: as memórias externas, os HDs dos computadores, com capacidade quase infinita de armazenamento, que ultrapassam de longe a possibilidade de estocagem do cérebro humano. É inútil, por exemplo, tentar vencer disputa de xadrez contra o computador, devido à sua capacidade descomunal de reter e cruzar informações — na prática, a máquina contém a movimentação pretérita de todos os jogos e materializa sempre a melhor alternativa nos lances futuros.

Isso, que teoricamente é um bem – o armazenamento e a difusão da memória do mundo –, também é visto como um mal, pelas toneladas de entulho, de lixo, que abriga. Já aqui podemos estabelecer diferença entre informação e conhecimento: na grande rede internética, haveria muito mais informação do que conhecimento, porque este é crítico, gera mudanças, enquanto aquela costuma ser apenas cumulativa.

Tal diferença, todavia, não é privativa desse meio de comunicação, existe em todos os outros – o predomínio da informação sobre o conhecimento é regra, e não exceção. A validade/a qualidade do que se diz não depende forçosamente do veículo que conduz o dizer. A excelência é minoritária, estatisticamente sempre houve e haverá mais livros ou filmes ruins do que bons. O tempo é o agente triturador, implacável, seletivo, daquilo que merece perdurar. A História, alegoricamente, representa aqueles personagens de *Fahrenheit*, que protegem o discurso vivo do passado e o lançam às novas gerações.

Comentando a transmissão da herança cultural, no estabelecimento da ponte entre o passado e o presente, o crítico e historiador Antonio Candido, em *Formação da literatura brasileira*, sustenta que, apesar de ter havido produção de textos no ou sobre o Brasil desde o século XVI, a literatura do país só se teria iniciado em fins do século XVIII: não basta a existência da obra sem um sistema que a faça circular, numa dinâmica que parte da criação, passa pela publicação e se consuma na leitura e recepção de um grupo. Tal circuito, na prática, só vigorou no Brasil a partir do século XIX, quando o país deixou de ser colônia portuguesa. Portanto, no período anterior da história brasileira, podemos dizer que, mesmo não sendo numerosos, havia autores demais para leitores de menos, na medida em que seus textos não circulavam.

Papéis de poesia II

Paradoxalmente, no século XXI, perguntamos se, por outros motivos, não retornamos à situação parecida: autores em excesso para leitores à míngua, devido à proliferação incontrolável de textos, produzidos e reproduzidos numa proporção superior à nossa capacidade de absorvê-los.

De algum modo, é como se, mais do que escritos apenas para um outro, coetâneo, os textos também se dirigissem para uma acolhida em memória futura de gigabites, à maneira de um cheque para a posteridade, esperando que o portador/receptor anônimo, leitor virtual, um dia, vá à boca do guichê, ou à boca do futuro, para resgatá-lo.

Nunca se escreveu tanto para esse leitor invisível, seja ele literalmente ninguém ou sejam potencialmente as bilhões de pessoas conectadas na rede. A expansão da oferta torna feroz a concorrência, na busca do bem mais precioso para o autor: alguém que o leia.

Curiosamente, o espaço da globalização, da universalidade, é também o mais propício a uma setorização máxima. Há possibilidade da criação infinita de minifúndios ou nichos; por exemplo, uma confraria de amadores de um único texto de determinado autor.

No universo literário da internet, ocorre também um fenômeno curioso: o da falsa autoria. Antigamente, às vezes, um escritor conhecido se escondia sob nome falso, um pseudônimo, para "assinar" matérias em jornais. Hoje, um autor desconhecido se apropria de nome conhecido, para divulgar textos falsos como se fossem "assinados" por Clarice Lispector, Fernando Pessoa ou Machado de Assis. Trata-se, quase sempre, de textos precários, que recorrem ao furto da assinatura alheia sem que nenhum benefício material reverta ao verdadeiro e oculto autor, senão a régia recompensa de, com a fraude, alcançar muito mais leitores.

No que tange aos *e-books*, convém considerar que se trata de formato alternativo ao livro, e não sucessório: um suporte que não supera o predecessor, conforme ocorreu com o CD, que praticamente extinguiu os discos de vinil, ou com o *streaming*, a tecnologia de áudio e vídeo que abalou bastante a produção de CDs e DVDs. Assim como convivem rádio e tevê, pintura, fotografia e cinema, é bastante provável que convivam livros e *e-books*, estes, sem dúvida, de enorme praticidade no campo específico das obras de referência, como dicionários e enciclopédias.

Quanto a literatura e a internet, importa efetuar distinção básica entre o que seja um mesmo texto, em dois veículos (livro e internet) e o que seja texto já criado em função do suporte, ignorando a tradicional modalidade impressa. Quem sabe um dia existirá uma História da literatura **da** internet, a não se confundir com uma História da literatura **na** internet?

Pode também haver um fluxo na contramão: enquanto no modelo clássico os autores saem dos livros e têm seus textos reproduzidos na rede, muitos contemporâneos começam por fazer sucesso na rede e só depois são publicados em livro.

O caso da poesia requer especial consideração. A partir de fins do século XIX, ela revestiu-se de linguagem cada vez mais especializada, pagando o preço dessa sofisticação com o decréscimo de consumo popular. Provavelmente em todo o mundo as tiragens de poesia sejam bem menores do que as de ficção, e é bem restrito o contingente de obras poéticas que logram ultrapassar a barreira da primeira edição.

Pela minimização do custo, torna-se a internet um território privilegiado para todo tipo de experimentação poética

Papéis de poesia II

gráfico-visual. Nada garante o efetivo consumo desses textos, mas a eles se assegura ao menos uma existência – embora virtual – quase sem dispêndio, pela desnecessidade de gastos com papel e armazenamento de estoque.

Multiplicam-se os blogs de poesia, numa dimensão talvez proporcionalmente inversa à sua circulação no mundo "real", em que a poesia dispõe de pouco espaço. Se, no mundo "real", a prosa e a ficção predominam soberanas – basta ver, em qualquer país, quantos livros de poesia ocupam a lista dos mais vendidos –, no mundo virtual a relação se inverte. Uma pesquisa efetuada no Google em 21.10.2017 revela que a palavra "ficção" apresenta 20.600.000 resultados. "Poesia", 90.2000.000.

De qualquer modo, no que tange à poesia **na** internet – textos que provieram de obra impressa –, nunca é demais frisar a necessidade imperiosa de adotarmos cautela extrema antes de acatarmos a versão estampada na tela. É sempre desejável recorrer à fonte primária, o livro. Esta máquina tão delicada – o poema – é particularmente vitimada por transcrições que a desfiguram, seja na pontuação, na divisão em estrofes, na omissão ou no acréscimo de palavras.

Por isso, nesta comunicação voltada aos novos veículos de comunicação, acabo, para finalizar, retornando ao livro, para homenagear um objeto perfeito, artefato que praticamente não necessitou de aperfeiçoamento desde que foi inventado. Dele disse Caetano Veloso, na letra de uma canção intitulada "Livros", da qual apresento fragmentos:

[...] os livros que em nossa vida entraram
São como a radiação de um corpo negro
Apontando pra a expansão do Universo

Antonio Carlos Secchin

Porque a frase, o conceito, o enredo, o verso
(E, sem dúvida, sobretudo o verso)
É o que pode lançar mundos no mundo.
[...]

Os livros são objetos transcendentes
Mas podemos amá-los do amor táctil
Que votamos aos maços de cigarro
Domá-los, cultivá-los em aquários
Em estantes, gaiolas, em fogueiras
Ou lançá-los pra fora das janelas
(Talvez isso nos livre de lançarmo-nos)
Ou – o que é muito pior – por odiarmo-los
Podemos simplesmente escrever um:

Encher de vãs palavras muitas páginas
E de mais confusão as prateleiras [...]

Sim, a literatura não deixa de ser isso: a prática que desorganiza o lugar das coisas, num mundo onde muitos as querem em lugares fixos.

Os trinta versos de um soneto

Trio (versão 2002)

Olavo Brás Martins dos Guimarães Bilac,
que no Parnaso ecoa como voz primeira,
já sabe que bem cabe em verso alexandrino
o poeta que logrou vestir-se de palmeira:

Antônio Mariano Alberto de Oliveira,
que esculpe passo a passo exótica colmeia,
inapelavelmente encaixa em doze sílabas
Raimundo da Mota de Azevedo Correia.

Jubilosos na métrica do próprio nome,
aprisionam em seus versos as pombas e estrelas,
apostando que em jaula firme e decassílaba

não haverá qualquer perigo de perdê-las.
Adestram a voz do verso em plena luz do dia.
Lá fora a fera rosna a fome da poesia.

Antonio Carlos Secchin

Devia ter 14 ou 15 anos quando ouvi, pela primeira vez, alguém (Helena Fernandes, minha professora de português do ensino médio) dizer que o nome completo de Olavo Bilac – Olavo Brás Martins dos Guimarães Bilac – correspondia a um alexandrino perfeito. Mas não é exatamente assim: a rigor, o nome de Bilac, para deixar de ser uma simples sucessão de 12 sílabas e tornar-se de fato um alexandrino, necessitaria inserir--se numa série que o acolhesse enquanto tal: num poema, onde deixaria de ser uma sequência de substantivos próprios para transformar-se num verso.

Acalentei a intenção de inserir esse longo nome num texto poético. Décadas depois, mais familiarizado com a poesia brasileira, constatei algo que, salvo engano, passara despercebido: os nomes completos dos dois outros poetas do famoso "trio máximo" de nosso Parnasianismo, Alberto de Oliveira e Raimundo Correia, igualmente poderiam constituir-se em versos dodecassílabos. A ideia de unir os três num soneto era tentadora. Além disso, eu já disporia de três versos prontos, bastava-me compor os outros 11.

Assim, em 2002, em meu livro *Todos os ventos*, publiquei o poema "Trio",[1] na versão que abre este estudo. Uma peça em alexandrinos, rimados nos versos pares, os dois finais em rimas emparelhadas, na regra do soneto inglês.

Algumas referências e alusões do poema talvez não sejam captadas pelo leitor contemporâneo, tão pouco afeito à poesia parnasiana. De qualquer modo, procurei remeter a textos-chave do movimento. No verso 4, o diálogo se estabeleceu com a

---

1 "Trio", em: SECCHIN, Antonio Carlos. *Todos os ventos*. Rio de Janeiro: Nova Fronteira, 2002, p.23.

abertura de "Aspiração"[2] de Alberto de Oliveira: "Ser palmeira! existir num píncaro azulado!". A colmeia, no verso 6, não aponta para texto específico, e sim para o trabalho metódico, regular, do poeta-abelha, preenchendo com o mel dos versos o poema-colmeia ("colmeia", aliás, com "e" fechado, segundo o *Dicionário Houaiss* e de acordo com minha necessidade de rima com "Correia"). O verso 11 dialoga com dois dos mais consagrados poemas do movimento: "As pombas", de Raimundo, e "Ora, direis, ouvir estrelas", de Bilac.

Quando, em 2017, revi os textos de *Todos os ventos* para integrá-los à minha poesia reunida em *Desdizer*, efetuei mudanças em cinco versos, assinaladas abaixo em vermelho.

No verso 3, substituí "verso alexandrino" por "num dodecassílabo". A mudança deveu-se, simplesmente, ao fato de que eu necessitaria utilizar a palavra "alexandrina" no verso 11, e cuidei preventivamente de impedir a redundância vocabular. No 6, mesmo sacrificando a aliteração em "esculpe passo a passo", cogitei que haveria ganho com a presença de "vaso", que alude a duas das mais renomadas peças de Alberto, o "Vaso grego" e o "Vaso chinês". No 8, a opção foi rítmica: o nome do poeta comporta 12 sílabas, porém não constitui dois hemistíquios perfeitos, uma vez que a tônica central incide na quinta, e não na sexta sílaba – Rai/mun/do/ da/ **Mo**ta. A operação para deslocar "Mo" da quinta para a sexta sílaba exigiu transformar o ditongo "Rai" no providencial hiato "Raï", estratégia que deixei registrada graças aos bons préstimos do extinto trema. Mas, se estiquei uma sílaba na primeira metade do verso, urgia

---

2 "Aspiração", em: OLIVEIRA, Alberto de. *Melhores poemas*. São Paulo: Global, 2007, p.82.

eliminar outra na metade final, para que ele não ficasse de pé quebrado, contabilizando 13 sílabas. Para superar o impasse, omiti a preposição "de" no sobrenome do autor. No verso 10 original, duas ocorrências me soavam insatisfatórias: a contiguidade de três vogais nasais ("aprisionam em") e a oscilação gratuita entre presença/ausência de artigo definido em substantivos vizinhos ("as pombas e estrelas"). Por fim, no verso 11, parecia-me algo estranho falar de jaula "decassílaba" em poema que não comportava tal medida. A atenuante, a haver alguma, é que eu pensara na produção do trio, na qual o decassílabo é abundante. Mas julguei a nova formulação do verso preferível por constituir-se, inclusive, em exemplo de isomorfia.

Olavo Brás Martins dos Guimarães Bilac,[3]
que no Parnaso ecoa como voz primeira,
já sabe que bem cabe **num dodecassílabo**
o poeta que logrou vestir-se de palmeira:

Antônio Mariano Alberto de Oliveira,
que esculpe **vaso em vaso** exótica colmeia,
inapelavelmente encaixa em doze sílabas
Raïmundo da Mota Azevedo Correia.

Jubilosos na métrica do próprio nome,
querem deixar no chão as pombas e as estrelas,
apostando que em jaula firme **e alexandrina**

---

3 "Trio", em: SECCHIN, Antonio Carlos. *Desdizer.* Rio de Janeiro: Topbooks, 2017, p.7.

Papéis de poesia II

não haverá qualquer perigo de perdê-las.
Adestram a voz do verso em plena luz do dia.
Lá fora a fera rosna a fome da poesia.

Em 2018, saiu a edição portuguesa de *Desdizer*. Aproveitei a ocasião e alterei um verso: em vez de "querem deixar no chão as pombas e as estrelas", "vão deixando no chão as pombas e as estrelas".[4] Primeiro, o verso torna-se mais afirmativo, consoante a índole em geral assertiva da poesia parnasiana; segundo, melodicamente, houve ganho de uma rima interna ("vão"/"chão"), sem prejuízo da aliteração "chão/deixando"; por fim, pareceu-me ritmicamente melhor a sequência tônica-átona-tônica-átona de "vão deixando" do que a tônica-átona-átona-tônica de "querem deixar".

Quando o texto me parecia razoavelmente reformulado com essas soluções, decidi, em 2019, arriscar algo mais radical: alterar o sistema rímico do texto, de modo a que todo o poema (como os parnasianos) fosse rimado, e não apenas em seus versos pares. Isso implicaria expressivas mudanças, pois inevitavelmente as novas palavras em fim de sete versos afetariam o sentido da versão anterior. Queria, entretanto, preservar o tom original, no que ele continha de uma, digamos, compreensiva ironia frente aos valores do Parnaso. Ironia, a meu ver, indispensável: não se trata de endossar esses valores; mas compreensiva, na tentativa de entendê-los por meio da utilização e testagem dos próprios mecanismos formais da poética parnasiana, sem o emprego da explícita e algo fácil irreverência que se contenta

---

4 "Trio". In: SECCHIN, Antonio Carlos. *Desdizer*. Lisboa: Imprensa Nacional-Casa da Moeda, 2018, p.94.

em ridicularizar a produção do período. Em suma, tentar discutir seus limites no âmbito daquilo a que o Parnasianismo se propôs, em vez de estigmatizá-lo por não ter sido tão modernista quanto "deveria" (?) ter sido.

Detalhemos o projeto da nova configuração do texto. Os sete versos pares já apresentavam rima. A princípio, o problema, então, residiria nos demais. Na prática, porém, necessitei alterar uma rima em verso par, como se lerá. No conjunto, 10 versos sofreram modificação, entre mínima e radical. Permaneceram idênticos à versão de 2018 somente os de número 1, 2, 8 e 14. Na contabilidade geral, da primeira edição, de 2002, à atual, inédita em livro, constato que 30 versos diferentes já compareceram nas 14 linhas do soneto.

Passemos às recentes mudanças. No verso 3, urgia uma rima para "Bilac". No intuito de enfatizar a circunspecção parnasiana, escolhi "fraque". No 4, anteriormente, o poema afirmava que Alberto lograra o intento de transmudar-se em palmeira; agora, ele se limita à tentativa.

A estrofe 2, que se abre e se fecha com nome de poetas, sofreu, no verso inicial, pequena mudança: inseri trema em "Mariano", conforme fizera em "Raimundo", para destacar o metricamente necessário hiato. No miolo, alterações de maior vulto: em vez de esculpir "vaso em vaso exótica colmeia", com a cacofonia de "-ca col-", agora Alberto "deposita em vaso" (com toda a maliciosa ambiguidade: vaso grego? chinês? ou de outra natureza?) o produto que semeia. Ao vaticinar a sobrevivência do amigo Raïmundo contra a fogueira do tempo, a fala atribuída a Oliveira ajudou-me a eliminar outro incômodo: a reiteração metalinguística no tocante à métrica dos versos: na versão 2002, havia três incidências: "alexandrino", "doze sílabas", "decassílaba". Na de 2019, somente uma: "alexandrina", na estrofe 3.

O imperativo de rimar "alexandrina" facultou uma formulação que considero superior à que existia antes desse "constrangimento" rímico, comprovando que os protocolos formais eventualmente podem, por que não?, abrir caminhos ao texto, ao invés de cerceá-los. Assim, no lugar de mais um verso metalinguístico ("Jubilosos na métrica do próprio nome"), surgiu, por demanda da rima, um outro, que incide, criticamente, nas "certezas" da realidade à prova de abalos do autor parnasiano ("Poupados do terror que a vida dissemina").

Para o poeta construir tal aparato de segurança, a negação de um mundo volúvel e volátil se impõe, mesmo que para isso se faça necessário investir com violência contra tudo que transgrida a ordem e ouse apontar para o campo do fugidio e do longínquo. Daí que pombas e estrelas não sejam mais, delicadamente, "deixadas", e sim "arremessadas" ao chão. Daí, também, que o espaço noturno seja exorcizado, e com ele todos os seus fantasmas potenciais.

Uma proposta similar – a de uma poesia "diurna", para não causar sustos – comparece nos penúltimos versos da versão anterior – "Adestram a voz do verso em plena luz do dia" – e da derradeira: "O trio adestra o verso à limpa luz do dia". Aqui, a prioridade foi solucionar os problemas técnicos da versão vigente. A "voz do verso" era quase pleonástica, sendo improvável algum verso mudo. O adjetivo "plena" é pouco expressivo, praticamente um lugar-comum em ocorrências similares. O imperativo métrico induzia, de modo artificioso, a condensar "-tram a" em uma única sílaba. "O trio adestra" eliminou a metricamente incômoda desinência plural, além de propiciar a aliteração dos encontros consonantais "tr". A "limpa luz" substitui a anódina "plena luz"; isso fornece, creio, ganho de sentido, ao estampar o ideal de "assepsia" parnasiana, e possivelmente também ganho formal, mediante uma nova aliteração, agora em "l".

Contra tanta segurança autoimposta pelo trio, a fera faminta da poesia, incansavelmente, continua a assombrar os que apostam e creem num mundo excessivamente domesticado.

Trio (versão 2019)

Olavo Brás Martins dos Guimarães Bilac,
que no Parnaso ecoa como voz primeira,
já vê que ali bem cabe, de gravata e fraque,
um poeta que tentou vestir-se de palmeira:

Antônio Marïano Alberto de Oliveira,
que deposita em vaso os versos que semeia,
responde que o futuro esconde da fogueira
Raïmundo da Mota Azevedo Correia.

Poupados do terror que a vida dissemina,
arremessando ao chão as pombas e as estrelas,
declaram que na jaula justa e alexandrina

não há de haver perigo ou plano de perdê-las.
O trio adestra o verso à limpa luz do dia.
Lá fora a fera rosna a fome da poesia.

Percursos da poesia brasileira

> Se não vou desfiar a longa história da nossa poesia, pretendo ao menos contar a história de um livro que conta um pouco dessa história, e me deter em certas histórias que o livro conta.
>
> Antonio Carlos Secchin

Nosso tema é "Percursos da poesia brasileira, do século XVIII ao XXI".[1] Começo redimensionando a expectativa do título, porque, no âmbito de uma aula, seria impensável tratar com alguma densidade mais de dois séculos de poesia brasileira.

Foi lançado em 2018, numa coedição das editoras Autêntica e da UFMG. A baliza temporal, em seu marco zero – o século

---

1 Agradeço a Suzana Vargas o luxuoso convite para proferir a aula de abertura do Instituto Estação das Letras, que há 23 anos, heroicamente, atua em prol de nossa literatura. Tive, ao longo desse quase um quarto de século, a oportunidade de participar de vários eventos, e é com honra e alegria que hoje aqui me encontro. Obrigado a cada um de vocês: familiares, amigos, ex-alunos, atuais colegas. Registro com prazer e honra a presença do grande poeta Antonio Cicero, querido confrade da Academia Brasileira de Letras.

Antonio Carlos Secchin

XVIII – com clareza já indica que a proposta da obra não é a de se constituir num panorama de toda nossa poesia, quando então teria de retroceder ao século XVII de Gregório de Matos, quando não ao século XVI de José de Anchieta. Assumidamente elaborei um recorte para apresentar um conjunto de percursos poéticos que, na minha avaliação, mereceriam ser considerados ou reavaliados.

Esse livro deve muito ao trabalho em sala de aula, desenvolvido ao longo de quase quatro décadas na Faculdade de Letras da UFRJ. A grande maioria de meus cursos girou em torno da poesia. Na experiência docente sempre tentei conciliar a visada histórica do texto com a sua irredutível peculiaridade expressiva, considerando o poema um objeto que, imerso na História, não se explica por ela, na medida em que, de algum modo, o grande texto ultrapassa e contesta seu contexto. O poema que se contenta em ser "documento de época", tende a desaparecer com a época que documenta. Para os pósteros, tal texto pode até cumprir o papel de manancial de subsídios históricos, sociológicos, antropológicos. Em suma, texto que informa, porém não forma uma força capaz de expandir o horizonte da palavra. Sim, porque vejo o poema como um ato verbal que concentra, em seu corpo mínimo, a potencialidade máxima de que a língua é capaz. Certa feita, registrei que "o poema é a doença da língua e a saúde da linguagem".

Doença porque provoca mal-estar, curtos-circuitos nos dispositivos confortáveis e protetores em que nos abrigamos para achar que palavras e coisas estão todas no seu devido lugar. Poesia é campo de rupturas, disjunções sintáticas, morfológicas, aproximações inusitadas de vocábulos que saem de sua zona de conforto para sacudir a percepção anestesiada do leitor.

Papéis de poesia II

O espaço poético é aquele em que "A terra é azul como uma laranja", conforme escreveu Paul Éluard. Na guerrilha contra o lugar-comum, o poeta esgarça o tecido bem espesso e normativo da língua, infunde-lhe desvios, tirando-a dos trilhos. Por outro lado, instila no idioma os vírus subversivos de inauditas modalidades de expressão, fazendo com que ele aceda a novos patamares e se fortaleça em derivações de que a língua já dispunha, porém de modo subterrâneo, à espera do poeta que as fizesse aflorar à tona do texto. Nesse sentido, o veneno da linguagem criadora se transforma no remédio ou na cura que presenteia a língua com uma inédita e insuspeita autopercepção de seus próprios deslimites. Uma vez incorporadas, essas transgressões transformam-se em novos limites, que, sem cessar, devem ser ultrapassados. Cabe ao poeta considerar que nenhum avanço é suficiente, pois o movimento que a arte desencadeia na subversão do codificado é rigorosamente infinitizável. A poesia é a convidada intrusa, sempre pronta a estragar a festa do consenso. Quando se inteirou de meu comentário sobre doença e saúde, um aluno acrescentou: "Sim, o poema é a doença da língua, como a pérola é a doença da ostra".

Mas retornemos ao livro. A partir de textos gerados para a sala de aula, ou das participações em congressos, organização de antologias e obras reunidas de poetas, publiquei, em 5 livros, mais de uma centena de artigos e ensaios. Um deles, "João Cabral: uma fala só lâmina", é bastante coeso no acompanhamento da poesia cabralina, da primeira até sua vigésima e derradeira obra. Nas demais publicações, coligi textos de variados alcances, temáticas e procedências. Se é corriqueiro ao poeta lançar uma antologia, por que não poderia o crítico elaborar uma seleta de seu ensaísmo, conferindo-lhe talvez, por essa via, uma organicidade porventura ausente das edições originais? Para isso — a organicidade —, foi necessário constituir parâmetros mínimos, que, precipuamente, eliminassem do novo conjunto aquele caráter algo aleatório das coletâneas anteriores.

De início, falemos do que lá não há. Optei por excluir do novo livro todos os textos que nasceram sob forma de resenhas, orelhas, quartas capas — material, enfim, de curta extensão. A necessária brevidade imposta pela natureza de uma resenha ou quarta capa forçosamente impediria um desdobramento analítico de que vários poetas seriam merecedores. Com isso, no livro de 2018, a presença dos contemporâneos tornou-se restrita, podendo os interessados recorrerem a meus livros anteriores, que contemplaram em boa escala a produção da atualidade.

Adotado, então, o critério de incluir somente material crítico de algum fôlego, pareceu pertinente agenciá-lo na sequência cronológica dos autores estudados, não, insistimos, com objetivo de elaborar uma *História* da poesia, mas no intuito menos ambicioso de traçar alguns de seus *Percursos*, e fazê-lo em perspectiva diacrônica.

A nova publicação também motivou-me a incluir material inédito, devidamente registrado em nota introdutória. Nela, abordo, de passagem, algumas questões metodológicas, para que não se exigisse do livro aquilo que ele não pretendeu ser. Reproduzo, então, o parágrafo inicial da "Nota do autor": "Disseminados em cinco livros de minha autoria e em outros de que fui organizador, os textos aqui reunidos compõem uma espécie de "leitura seletiva" da trajetória de nossa lírica. Como em toda operação seletiva, outros nomes/obras poderiam constar deste elenco, e, frente ao cânone consolidado pela historiografia

Papéis de poesia II

literária, algumas inclusões de nomes/obras causarão surpresa. É diversificada a abordagem, ora em registro panorâmico de determinando período ou questão, ora em registro minucioso dos processos de elaboração de um poema. A linguagem também não se pretende padronizada, pois levou em consideração o veículo ou o público a que se dirigia, optando-se por tom mais distenso em palestras e artigos destinados a ouvinte ou leitor não especializado. Porém, em qualquer circunstância, e a justificar um eixo de unidade ao conjunto, trata-se de ensaios que implicitamente trabalham a questão: "Por que ler este poeta?". O primado concedido à indagação da fatura estética dos textos foi atitude constante. Extraídos das publicações originais, os estudos encontram-se reagrupados em sequência cronológica da produção dos poetas, não por pressupostos "evolucionistas", mas para não ocultar a referência histórica em que tais obras originalmente se apresentaram.

Duas observações preliminares. Exatamente pela liberdade em elaborar os "percursos", foi-me possível investir por várias páginas tanto na microscopia analítica de um só texto, quanto no enfrentamento de questões genéricas que envolveram num mesmo estudo dezenas de poetas. Escusado dizer que isso seria considerado equívoco metodológico numa história da poesia que cuidasse de impor um padrão constante ou homogêneo de intervenção crítica. Segunda observação, decorrente da primeira: numa história literária é frequente, ou quase indispensável, a compilação exaustiva da fortuna crítica do autor ou do período examinado. Tal diálogo crítico com o pensamento alheio permite ao historiador situar seus pontos de endosso ou divergência frente aos discursos historiográficos pregressos. Na condição de leitor de teoria, crítica e história literária, opto, porém, por conceder ostensiva primazia ao texto poético. Claro que, não havendo olhar inocente, irei atravessar o poema munido de todo meu prévio aparato crítico, que, apenas, não julgo necessário explicitar. Num antigo ensaio, observei que é preciso conhecer ao máximo os discursos constituídos sobre um objeto, para localizar até onde eles foram, e onde começa o seu silêncio. Então, escrever a partir do silêncio das vozes que nos antecederam. Na medida do possível, sempre levantar questões, lançar hipóteses, que sacudam o marasmo perpetuado pelos manuais que sufocam o vigor da literatura, ao reduzir questões complexas e sutis a meia dúzia de características mecanicamente "aplicadas" aos sucessivos períodos literários.

O livro comporta um ensaio de natureza teórica, um depoimento, e 29 textos, que se estendem do século XVIII de Tomás Antônio Gonzaga ao XXI de Paulo Henriques Britto. Apresentarei a configuração geral da obra, e, de alguns estudos, destacarei os pontos que suponho serem incitações para repensarmos ou relativizarmos certos lugares-comuns de nossa historiografia.

Em "Tomás Antônio Gonzaga: retratos de família", examino as estratégias de persuasão que, numa lira de *Marília de Dirceu*, o poeta utiliza para convencer a amada a não resistir a seus apelos. A natureza como máquina de produção e reprodução de vida é o grande exemplo a ser acatado pela pastora, que não pode nem deve fugir à exigência de perpetuação da espécie. Não por acaso, próximo a ela já se encontra o poeta, apto a auxiliá-la a cumprir a elevada missão procriadora. É espantoso como ainda hoje alguns sustentam que, no arcadismo, a natureza é mero pano de fundo. É pano de fundo, de frente, de lado, é o modelo indutor para que Marília, persuadida, se dispa de todos os panos, e franqueie seus lábios à lábia do poeta.

Papéis de poesia II

Seguem-se dois estudos panorâmicos dedicados à poesia romântica: "Pátria, Portugal, Poesia" e "Um mar à margem: o motivo marinho na poesia brasileira do romantismo".

No primeiro, estudei as ambiguidades e contradições dos sentimentos expressos pelos nossos românticos frente à herança portuguesa. Após a Independência política em 1822, como os poetas trataram o pai Portugal? Rancores e ressentimentos frente ao colonizador sobrepujariam a constatação de que não era possível livrar-se daquele pai? Curiosamente, a primeira geração romântica – portanto, a que estaria mais próxima do rompimento brusco dos laços lusos de família – foi a mais amena em suas críticas a Portugal, atenuadas, talvez, pelo fato de que os principais poetas dessa geração (Gonçalves Dias, Gonçalves de Magalhães e Araújo Porto-Alegre) foram, todos, fartamente beneficiados pelo patrocínio generoso de dom Pedro II. O imperador fazia a corte aos poetas, que, por sua vez, tornaram-se poetas da Corte. Com o passar do tempo, a lusofobia recrudesceu. Pode ser detectada em Castro Alves, quando, em "O navio negreiro", o vate evoca os "heróis do Novo Mundo": "Andrada! Arranca esse pendão dos ares!/ Colombo! Fecha a porta dos teus mares". Andrada e Colombo ocupam os lugares que poderiam ou deveriam caber a dom Pedro I e Pedro Álvares Cabral. Se, no caso, a desconsideração se pronunciou pelo silêncio, muitas vezes a lusofobia é explícita, sobretudo em poetas ditos menores. O paradoxo consiste em acusações raivosas contra Portugal acompanhadas de um desejo de reconhecimento por parte desse pai odioso. Escritores orgulhosos da nascente brasilidade recorriam, para legitimar-se, ao aval de importantes figuras literárias lusitanas, como Alexandre Herculano e Ramalho Ortigão. Paralelo a esse constante pedido de bênção paterna à elite literária do colonizador, ocorreu no Brasil, simultânea à proclamação da independência política, a proclamação da dependência linguística, conforme se lê num pronunciamento de José da Silva Lisboa, parlamentar de relevo, em sessão da Assembleia Constituinte de 1823. Eis a argumentação que o levou a sugerir fosse o Rio de Janeiro a sede da primeira universidade do país: "Uma razão mui poderosa [...] para a preferência da universidade nesta Corte é para que se conserve a pureza e pronúncia da língua portuguesa. [...] Nas províncias há dialetos, com seus particulares defeitos. É reconhecido que o dialeto de São Paulo é o mais notável. A mocidade do Brasil, fazendo aí os seus estudos, contrairia pronúncia mui desagradável".

No ensaio seguinte, "Um mar à margem", propus responder uma questão intrigante: por que, com a extensão e a exuberância de nosso litoral, propícias ao ímpeto celebratório da natureza, nosso romantismo produziu tão pouca poesia de temática marinha? Investiguei a presença (ou a ausência) do tema em 52 poetas do período. Cabe aqui um parêntese: tornei-me bibliófilo mais por necessidade do que por prazer. Sempre fui atraído pelo desejo de conhecer as vozes esquecidas de nossa poesia, em bom número publicadas, em primeira e única edição, fora do Rio de Janeiro e de São Paulo. Para acessá-las, investi na busca de obras raras e, portanto, ao exercício da bibliofilia. Foi graças à imersão nesse universo paralelo de autores marginalizados que descobri, por exemplo, ter sido Castro Alves não o pioneiro, mas um dos últimos poetas a tratar da escravidão. Igualmente verifiquei não ter sido a abolição da escravatura a maior fonte de inspiração para a vertente social do romantismo, e sim a Guerra do Paraguai. Quem lê a poesia da época guiado apenas pelo filtro canônico vai acreditar equivocadamente que a Guerra do Paraguai foi assunto desconsiderado pelo romantismo brasileiro, quando, ao contrário, foi um de seus temas obsessivos.

Retornando a esse estudo, permito-me aqui um *spoiler*. Vou adiantar o fim, a resposta que consegui formular à pergunta. Por que o mar pouco aparece? "Em geral, o mar que se celebra é mar de partida, cheio de fascínio e de promessas diante do desconhecido. E o mar brasileiro é um mar de chegada, marco de uma história alheia que nele semeou seus signos opostos: a opulência vitoriosa do europeu e a degradação do escravo africano. Oceano da dominação e da vergonha. [...] Conforme vimos, Castro Alves pediu a Colombo que fechasse a porta de seus mares [...] Como um marinheiro a seco e às avessas, navegou no desejo, talvez frustrado, de fazer em terra firme a construção desse sonho sempre instável e inacabado que leva o nome de Brasil".

Castro Alves também se faz presente em "Cenas do baile", ao lado do semiesquecido poeta Bernardo Guimarães e do radicalmente esquecido Vitoriano Palhares. Analisei o jogo de provocação e recalque do desejo na ambiência dos salões de música, contrapondo-os a uma versão demoníaca da dança no delicioso poema "A orgia dos duendes", de Bernardo Guimarães. Também julguei de interesse trazer à baila – e ao baile – a figura de Eugênia Câmara, amante de Castro Alves. A Eugênia da vida real ganhou, na poesia, outro nome, em "O Adeus de Teresa". Poucos sabem, porém, que ela própria, atriz e poeta, escreveu uma réplica ao famoso poema, datada de novembro de 1869, e que se encerra, exatamente, pela palavra com que Castro Alves concluiu o seu: "Adeus".

Antonio Carlos Secchin

Ainda no terreno do romantismo, empreendi leituras particularizadas de Gonçalves Dias, Álvares de Azevedo, Casimiro de Abreu e Fagundes Varela, cuja obra tentei dimensionar no mesmo nível, se não superior, dos demais nomes canônicos. Em Álvares, examinei como os sonhos com a amada, aparentemente revelando o desejo de possuí-la, funcionavam como rituais perversos de afastamento e recusa do corpo feminino. Em Casimiro, destaquei a questão narcísica, em que a descrição da virgem amada se elabora a partir de traços físicos e psíquicos do próprio sujeito. O poeta constrói a imagem da mulher como uma espécie de travesti de si próprio.

Em "Presença do parnaso", procurei aproximar-me de uma produção que o modernismo paulistano de 1922 nos induziu a rejeitar sem sequer lê-la: a obra de Olavo Bilac e a de seus companheiros de estilo. Cito uma avaliação arrasadora: "[...] produtos aleijados e raquíticos [...] literatura falsa [...] Canta o poeta, então, um Parthenon de Atenas que nunca viu [...] e qualquer um julgaria indigno um soneto para o samba". O autor desse juízo não é Oswald de Andrade, ou algum modernista, como se poderia supor, e, sim, Raimundo Correia. Observei que os primeiros e mais exigentes críticos do movimento foram os próprios parnasianos, repudiando aquilo que, na poesia da época, pudesse haver de mecânico e artificioso.

Em "Cruz e Sousa, o desterro do corpo", a ênfase incidiu em aspecto pouco explorado em sua obra: o intenso erotismo que ela cultiva num universo antes propício a puras manifestações incorpóreas da espiritualidade. O poeta transfere e faz emergir no espaço celeste as manifestações do desejo reprimidas na materialidade da vida terrena. Já em "Alphonsus de Guimarães: um corvo e seu duplo", efetuei leitura de "A cabeça de corvo",

Papéis de poesia II

poema demoníaco bastante atípico de um auto em geral associado à ortodoxia da religião católica.

Noutro texto, sob três ângulos procuro ler as relações de Euclides da Cunha com a poesia: 1) a fatura poética da linguagem de *Os sertões*. Guilherme de Almeida, depois Augusto e Haroldo de Campos, desencavaram na prosa euclidiana decassílabos e alexandrinos perfeitos; 2) nas composições poéticas propriamente ditas, reunidas num projeto de livro intitulado *Ondas*; e 3) nos discursos críticos de Euclides dedicados a alguns poetas, como Castro Alves e Vicente de Carvalho.

Mário Pederneiras, expoente da chamada segunda geração simbolista, teve, pela primeira vez, sua obra poética reunida em 2004. Poesia apenas mediana, para não sermos cruéis, mas que, do ponto vista da forma, teria a crucial importância de haver introduzido em nossas letras o verso livre. Não. A rigor, tratava-se de procedimento intermediário entre o verso regular e o livre, modalidade pouco estudada, denominada "verso polimétrico". Como o nome indica, sua métrica não é regular, mas a "irregularidade" obedece a esquemas rítmicos constantes, sem jamais ultrapassar o limite das 12 sílabas do verso alexandrino. Caminho, portanto, apenas preparatório para o verso livre.

O plantel modernista está representado no livro por nomes como Raul Bopp, Jorge de Lima, Cecília Meireles, Carlos Drummond de Andrade e Vinicius de Moraes. Da geração pós-modernista, João Cabral e Ferreira Gullar. Da geração de 60, Ivan Junqueira. Na sequência, dois estudos panorâmicos, "Caminhos recentes da poesia brasileira", em que abordo nossa produção poética entre a década de 1950 e a de 1980, e "Poesia e gênero literário", que se ocupa da década seguinte. Do livro constam ainda dois textos consagrados a autores específicos:

o lirismo de Chico Buarque, em "As vitrines", e o antilirismo de Paulo Henriques Britto, patente nas homenagens críticas ao antilirismo de João Cabral.

Na impossibilidade, pelas circunstâncias, de me aprofundar nas propostas desses ensaios, limito-me a assinalar certos aspectos de alguns deles. No estudo sobre Raul Bopp, explorei vertente menos conhecida de sua obra: o memorialismo, num contraponto às sucessivas e nem sempre felizes reedições de *Cobra Norato*. Em Jorge de Lima, interessou-me o contraste entre a pujança do discurso místico e seu correlato empobrecimento, quando tal discurso se reduz a veículo de paráfrases da religião católica. Em Carlos Drummond de Andrade, procurei localizar a permanência de vestígios da metrificação convencional – os tais versos polimétricos – em *Alguma poesia*, seu livro de estreia, tido como o mais radicalmente modernista de toda a sua lavra. Daí eu haver intitulado o ensaio "Drummond: alguma polimetria".

Por fim de volta ao começo. O texto que abre *Percursos da poesia brasileira* se intitula "Poesia e desordem", em que defendo a criação artística como uma espécie de desordem sob controle, na recusa tanto das simetrias previsíveis da ordem excessiva, quanto do vale-tudo da desordem que não passa pelo crivo exigente da elaboração formal. O segundo texto, "Memórias de um leitor de poesia", foi aula inaugural na Faculdade de Letras da UFRJ, quando eu estava prestes a me aposentar. Na verdade, representou uma espécie de profissão de fé, em que relatei meus conceitos e experiências sobre o que representou, para mim, durante toda a vida, ler, interpretar e propagar a poesia. Concluí a aula apresentando um poema de autor contemporâneo, Ricardo Silvestrin, de quem nunca tinha ouvido falar, mas

Papéis de poesia II

cujos versos me encantaram. É como se secretamente eu dissesse: "Falando sobre poesia, deixemos que a última voz a soar seja a de um poeta".

Em quarenta anos de magistério, nunca apresentei em sala de aula qualquer texto poético de minha autoria. Agora, vou valer-me do álibi de já estar aposentado. Em homenagem a Suzana Vargas, que me convidou para comentar minha obra reunida em *Desdizer*, repito aqui o procedimento utilizado naquela aula inaugural da Faculdade de Letras:[2] a despedida com um poema. Lerei texto inédito, em que proclamo a persistência da poesia, mesmo ou sobretudo quando ela parece ecoar para nada ou ninguém. Chama-se "Visita noturna":

Gosto dos fantasmas
Que morrem de susto frente a um ser humano.
Seus lençóis se arrepiam de medo.
Noite dessas, um deles veio, trêmulo, me visitar:
Dá licença?
Entra, Manuel, você não precisa pedir licença.
Pensei que fosse o poeta Bandeira.
Era o Venturoso Rei de Portugal.
No crachá dos fantasmas
Deveria constar o sobrenome.
Poetas e fantasmas têm algo em comum:
Ainda que falem até a exaustão,
Poucos percebem
Que eles existem.

---

2 Iniciativa do Instituto Estação das Letras, esta aula de abertura teve lugar na Fundação Casa de Rui Barbosa, em 04.2.2019.

Pernambuco e poesia

O ilustre patrono – Jorge de Albuquerque Coelho –[1] pode ser visto na interseção da história e das letras, uma vez que episódios de sua vida foram o tema daquele que é considerado o primeiro livro de nossa literatura, a *Prosopopeia*, de Bento Teixeira, publicado postumamente em 1601. O poema, em 94 oitavas decassilábicas de modelo camoniano, narra sucessos e insucessos do herói, em especial seu naufrágio, em viagem a Lisboa e a participação na Batalha de Alcácer-Quibir. Com modéstia, falsa ou verdadeira – creio que a modéstia pode ser falsa ou verdadeira, mas a imodéstia é sempre verdadeira –, o poeta refere-se à sua "Musa inculta e mal limada". Não sendo historiador, aproveito-me desse gancho – o da Musa – para

---

1 Pronunciamento feito por ocasião da outorga da Ordem do Mérito Literário Jorge de Albuquerque Coelho, elevada homenagem à minha obra, honraria já atribuída a muitos nomes notáveis da cultura brasileira. Agradeço à UBE – União Brasileira de Escritores, seção pernambucana, na pessoa de seu presidente, Jorge Renato Siqueira, e ao escritor Alexandre Santos pela amizade e generoso discurso de saudação. Recife, 25 de julho de 2019.

levar o discurso ao campo da poesia, onde navego mais à vontade, na esperança de não naufragar em meio às batalhas do pensamento, contando desde logo, para essa travessia, com a indulgência da distinta plateia.

Qualquer poema longo parte de uma desvantagem e de uma vantagem. A desvantagem é que, pela extensão, tende, modernamente, a não encontrar leitores. Se já são escassos os leitores de poesia, são ainda menos numerosos os que percorrem textos de centenas ou de milhares de versos. A vantagem é que, aqui ou acolá, graças à extensão, estatisticamente falando, há de haver, ainda que por acaso, alguns bons trechos. Os 8816 versos de *Os lusíadas* são pródigos no quesito da qualidade; os 752 da *Prosopopeia*, nem tanto. Mesmo assim, é possível encontrar atualidade em certas passagens de um poema, no conjunto, irreversivelmente datado. A estrofe 35, por exemplo, bem poderia ter sido escrita hoje, quando muitas vozes da sociedade se unem no combate à corrupção: "Ó sorte tão cruel, como mudável,/ por que usurpas aos bons o seu direito?/ Escolhes sempre o mais abominável/ reprovas e abominas o perfeito,/ o menos digno fazes agradável,/ o agradável mais, menos aceito./ Ó frágil, inconstante, quebradiça/ roubadora dos bens e da justiça!".

Como as únicas coisas que aqui se podem roubar são vosso tempo e vossa atenção, deixo Bento Teixeira para divisar outros poetas no horizonte.

É forçoso reconhecer, até o século XIX, a parcimoniosa contribuição da poesia pernambucana. Tão parcimoniosa nesse período quanto exuberante será no século XX. Compulsei várias, senão todas, antologias de poetas de Pernambuco, com especial atenção nos textos das épocas da Colônia e do Império. Alguns nomes de destaque foram incidentalmente poetas,

Papéis de poesia II

mas seu relevo advém da figura histórica, não da literária. São os casos de Frei Caneca e Natividade Saldanha. Do primeiro, aliás, preservou-se um gracioso poema, cuja primeira estrofe aqui transcrevo: "Entre Marília e a pátria/ Coloquei meu coração:/ A pátria roubou-m'o todo;/ Marília que chore em vão".

No século XIX, notabilizou-se — por um único soneto, "Formosa, qual pincel em tela fina". — o recifense Maciel Monteiro, patrono da cadeira 27 da ABL, que pertenceu a Joaquim Nabuco, na condição de membro fundador da Academia. Outro autor de certo prestígio à época foi o também recifense Vitoriano Palhares, rival de Castro Alves, e que logrou sucesso com a prosa poética, de 1868, intitulada *As noites da virgem*. Esse título tornou-se obsoleto, pois, como todos sabem, é muito difícil atualmente encontrar uma... noite. Parecemos atrelados a um dia ininterrupto, que, para valer-me do *slogan* de um canal de tevê, "não desliga nunca", pois despeja sobre nós informação (e não conhecimento) pelas 24 horas consecutivas. Como escreveu um poeta neto de pernambucano, Chico Buarque, em "As vitrines": "cada clarão/ é como um dia depois de outro dia". Quem conseguir localizar a tranquilidade de uma noite, favor devolvê-la à virgem, que por ela anseia há 151 anos.

Ainda no século XIX, citemos Martins Júnior, que, sob o influxo da mentalidade positivista e antirromântica, tentou, sem muito sucesso, unir poesia e ciência, não conseguindo fazer, a rigor, nem uma coisa nem outra. Se a "poesia científica" não vingou, Martins Júnior, todavia, é até hoje reverenciado como grande jurista.

Esse exíguo plantel poético amplia-se de modo exponencial, conforme dissemos, no século XX. Se admitirmos que o ingresso na Academia Brasileira de Letras seja um bom parâmetro para aquilatar o prestígio intelectual de um escritor, observemos que nada menos do que sete poetas de Pernambuco nela encontraram assento: por ordem alfabética, Adelmar Tavares, Geraldo Holanda Cavalcanti, João Cabral de Melo Neto, José Isidoro Martins Júnior, Manuel Bandeira, Mauro Mota e Olegário Mariano, sem falar nos que foram também, mas não predominantemente, autores de livros de poesia: Antônio Austregésilo, Medeiros e Albuquerque, Múcio Leão. A Medeiros e Albuquerque devemos a letra do "Hino da República", com seu forte refrão: "Liberdade! Liberdade,/ Abre as asas sobre nós". Curioso que, nas suas saborosas memórias, intituladas *Quando eu era vivo*, Madeiros não tenha sequer mencionado a autoria da letra.

Para me restringir aos que já não estão entre nós, citemos, em listagem não exaustiva, Alberto da Cunha Melo, Ascenso Ferreira, Audálio Alves, Carlos Pena Filho, César Leal, Deolindo Tavares, Édson Regis, Joaquim Cardozo, Jorge Wanderley, Marcus Accioly, Sebastião Uchoa Leite, Solano Trindade. E, no elenco feminino, Lucila Nogueira, cuja tese de doutorado, sobre João Cabral, tive a satisfação de orientar, além de outra poeta a merecer o resgate da crítica: Martha de Hollanda, ausente de todas as antologias por mim compulsadas, autora de um só livro, *Delírio do nada*, poemas em prosa de uma ousada modernidade. O *Delírio* foi lido por Martha numa sessão especial da Academia Pernambucana de Letras, em 5 de agosto de 1930.

Dessa talentosa e numerosa plêiade, peço vênia para destacar João Cabral de Melo Neto, não apenas por ser ele consensualmente considerado um dos ápices da poesia brasileira de todos os tempos, mas também por motivo de natureza pessoal: por duas décadas, tive o privilégio de desfrutar de sua

Papéis de poesia II

amizade. Estudei com afinco toda a obra cabralina e por mais de uma vez tive oportunidade de trazer a este estado os frutos de minhas pesquisas. A uma de minhas palestras intitulei "PernambuCabral". Sim, pois ele sempre refutou o título de "poeta brasileiro"; declarava-se, com mal disfarçado orgulho, "poeta pernambucano". Diplomata de ofício, confessava que seu sonho era o de que, num combate separatista, seu estado natal se tornasse um país autônomo, e ele fosse, então, designado como o embaixador do Brasil em Pernambuco.

Apesar da fama de arredio, João Cabral prezava o convívio acadêmico. Pernambuco é pródigo em importantes associações literárias, de que é prova esta sexagenária Casa, fundada em 15 de janeiro de 1958. A UBE desenvolveu/desenvolve numerosos programas culturais, a exemplo das Jornadas, que levaram escritores a mais de 30 municípios do Estado.

Como epílogo, retorno ao começo: a *Prosopopeia*. Certamente, muito mais se poderia dizer sobre a poesia pernambucana. E, se mais não disse, foi por acatar a sábia lição de dois versos de Bento Teixeira. Não vou "Tentar outros casos que não conto/ Por me não dar lugar o tempo breve".

Um poeta alagoano

Membro da Academia Brasileira de Letras. Nascido em Maceió, deixou as Alagoas bastante cedo: aos 19 anos, veio para o Rio de Janeiro, onde inicialmente trabalhou na imprensa e consolidou sua carreira de homem de letras. Praticou vários gêneros literários, mas notabilizou-se como poeta. Exímio cultor das formas fixas, destacou-se não só pela vertente lírica, mas pelo cultivo de uma verve mordaz e satírica, que o levou a indispor-se com alguns escritores e confrades. Faleceu na Europa. Os livros trazem o nome do autor expresso em apenas duas curtas palavras. Estou-me referindo a Guimarães Passos.

Fundador da cadeira 26 da ABL, hoje ocupada por Marcos Vilaça. Seu patrono foi o escritor, igualmente lírico, satírico e boêmio, Laurindo Rabelo, cognominado o Poeta Lagartixa. Sucedido por outro entusiasta frequentador da vida noturna, Paulo Barreto, dito João do Rio. Depois, de temperamento mais moderado, vieram Constâncio Alves, Ribeiro Couto, Gilberto Amado e Mauro Mota.

Nosso Boletim registrou em 2019 os 110 anos de falecimento do poeta.

Antonio Carlos Secchin

Sua vida atribulada foi objeto de um delicioso livro, *Guimarães Passos e sua época boêmia*, de Raimundo de Menezes. Anedotas de um Rio *belle époque*, onde era de bom tom morrer cedo, e longe do rincão natal, de preferência na França, mesmo que todos nós consideremos que é melhor estar vivo no Afeganistão do que estar morto em Paris. Guimarães passou para o Além aos 42 anos. Olavo Bilac, mais longevo, faleceu aos 53.

Não é gratuita a menção a Olavo Bilac, a quem o alagoano certa feita denominou "queridíssimo irmão". Foi intensa a parceria com Bilac, sob cujas asas Guimarães Passos sempre encontrou guarida.

Com efeito, quatro livros estamparam a coautoria dos dois escritores.

O primeiro deles, *Pimentões*, de 1897, com versos humorísticos e maliciosos, anteriormente divulgados no jornal *O Filhote*, foi publicado sob os pseudônimos Puff & Puck.

A seguir, o *Tratado de versificação*, de 1901, fortemente inspirado no *Tratado de metrificação*, de António Feliciano de Castilho, de 1851, livro que consolidou o sistema hoje em vigor na língua portuguesa. Até a primeira metade do século XIX, seguíamos o modelo espanhol, que consiste, para finalidade métrica, em adicionar uma unidade à última sílaba tônica do verso. Assim, durante séculos, *Os lusíadas* foi considerado poema com estrofes de 11 sílabas, e não decassilábicas.

Outra coautoria registrou-se no nunca reeditado ou traduzido em português, trata-se de importante publicação, que, após traçar em linhas gerais a história de nosso país, concentra-se no Rio de Janeiro. Um grande mapa anexo ao livro permite que conheçamos em detalhes a configuração da cidade em pleno transcurso da gestão Pereira Passos (1902-1906), ou seja, o Rio de Machado de Assis, o Rio de Aluísio Azevedo. Dentre as informações do *Guia*, lê-se, no tópico dos feriados nacionais, que eles se resumiam a 10, nenhum deles de caráter religioso. Ao dia 3 de maio era atribuída a chegada de Pedro Álvares Cabral ao nosso território. Sobre a datação do evento, escreveram Guimarães Passos e Bilac [traduzi]: "O Brasil foi descoberto em 22 de abril de 1500. Fazendo no calendário gregoriano a correção necessária, esta data corresponde a 3 de maio. É nesse dia que se comemora oficialmente a descoberta". O país de Bilac e Guimarães correspondia, basicamente, ao espaço carioca, ou, como à época se dizia, fluminense. A rigor, o livro deveria chamar-se *Guia do Brasil e do Rio de Janeiro*. Os registros sobre a então capital federal ocupam mais da metade do volume, acrescidos de um alentado anexo publicitário, com a indicação de centenas de estabelecimentos comerciais, de prestadores de serviço ou de locais de lazer e prazer. Dentre eles, certo Teatro Folies Brésiliennes, situado à rua do Catete, prometia aos frequentadores "diversões de toda espécie".

Mesmo em obra sem parceria durante a vida, sucedeu uma aliança póstuma. Referimo-nos ao *Dicionário de rimas*. Na segunda edição, de 1913, lê-se a advertência: "Estando esgotada a edição [...] de Guimarães Passos [de 1904], confiamos agora ao senhor Olavo Bilac o cuidado de fazer a revisão do trabalho". É espantoso que, num curto lapso de tempo — dois anos — tenham sido publicadas duas obras de acadêmicos sobre tão específico assunto, uma vez que em 1906 Mário de Alencar lançava o seu *Dicionário das rimas portuguesas*, sem fazer, porém, qualquer menção à obra do confrade, à qual certamente ele tivera acesso. Cotejamos ao acaso a listagem de três conjuntos de rimas em ambos os dicionários, e constatamos que de 38 palavras repertoriadas por Guimarães Passos em 1904, nada menos do que 37 reapareceram no livro de Alencar, em 1906. Para evitar a pecha de cópia integral, Mário, nas opções para rimas em "-ávida", cuidou de suprimir o adjetivo "pávida".

Num assomo de rara franqueza, que decerto terá desagradado ao editor H. Garnier, Mário, na introdução ao livro, assim se expressou: "A ideia desta obra não partiu de mim. Por espontânea resolução, eu não a faria nunca, entre outras razões porque não sinto gosto para esta espécie de trabalho e porque tenho dúvidas sobra a utilidade de um *Dicionário de Rimas*". Praticou o que hoje denominaríamos de "sincericídio", termo, aliás, que ainda não consta de nenhum dicionário, e cujas potenciais rimas podem inspirar muitos poemas de natureza mórbida.

A Academia Brasileira de Letras repôs em circulação a obra de Guimarães Passos, reeditando, em 1997, suas duas únicas coletâneas poéticas individuais: *Versos de um simples*, de 1891, e *Horas mortas*, de 1901. O autor nos legou, no total, apenas 147 peças, das quais exatamente uma centena em forma de soneto.

Versos de um simples contou com um alentado prefácio do futuro acadêmico Luís Murat, de quem o poeta foi muito próximo. Guimarães Passos agiu bem e com prudência ao cultivar essa amizade, pois o prefaciador, independentemente dos dotes propriamente literários, era bastante temido por seus agressivos rompantes, que não raro descambavam para o confronto físico, sendo Murat, ademais, conhecido pelo porte avantajado e por ser um exímio capoeirista.

Nesse livro de estreia, a epígrafe de Camões atesta a índole reclassicizante do Parnasianismo. Em dois momentos Olavo Bilac comparece, de modo oblíquo: nos poemas "Luta", a ele dedicado, e "*Nel mezzo del cammin*", cujo título se apropria de um

Papéis de poesia II

verso de Dante, procedimento idêntico ao que Bilac utilizara, três anos atrás, num soneto de sua *Poesias*. Em *Versos de um simples*, encontra-se a mais famosa poesia de Passos, notória a ponto de injusta e incomodamente reduzir o autor à condição de poeta de um poema só, conforme também foi o caso de Raimundo Correia com "As pombas". Em Guimarães, os versos em voga foram os de "Teu lenço":

Esse teu lenço que eu possuo e aperto
De encontro ao peito quando durmo, creio
Que hei de um dia mandar-t'o, pois roubei-o,
E foi meu crime, em breve, descoberto.

Luto, contudo, a procurar quem certo
Possa nisto servir-me de correio;
Tu nem calculas qual o meu receio,
Se, em caminho, te fosse o lenço aberto...

Porém, ó minha vívida quimera!
Fita as bandas que habito, fita e espera,
Que, enfim, verás em trêmulos adejos

Em cada ponta um beija-flor pegando,
Ir o teu lenço pelo espaço voando
Pando, enfunado, côncavo de beijos.

Seu segundo e derradeiro conjunto de poemas, *Horas mortas*, foi acolhido com elogios e ressalvas pelo crítico, historiador e acadêmico José Veríssimo. No ensaio "Alguns livros de 1901", após elencar mais de uma vintena de livros de poesia lançados nesse ano, observou: "A maior parte destes poetas não tem editores, publicam-se a si mesmos, à sua custa e certamente alguns com grande sacrifício. Mostra isso uma das feições de nossa vida literária, e as precárias condições materiais da literatura e do homem de letras aqui [...] segundo me observava um dos nossos editores, isto é uma terra em que todo mundo faz versos, mas onde ninguém os compra". Sobre Guimarães Passos comentou: "Poeta delicado, de emoção ligeira e superficial [...] verso natural e espontâneo, poeta despretensioso [...] É gracioso, é mesmo belo, de uma beleza especial, não muito alta, mas que começa a ser rara em nossa poesia".

Para demonstrar o apurado nível poético de Passos, Veríssimo transcreveu as estrofes de "Guarda e passa". Há semanas, a propósito da poesia de Carlos Pena Filho, citei "Retrato campestre", um estupendo soneto elaborado em torno de um passarinho, um pé de milho, uma estrada, uma mulher e um homem deitado. Em Guimarães Passos, coincidentemente, encontraremos, embora em outra perspectiva, a evocação de uma estrada, de uma mulher e de um homem que dorme, o próprio poeta. Eis o texto:

Figuremos: tu vais (é curta a viagem),
Tu vais e, de repente, na tortuosa
Estrada vês, sob árvore frondosa,
Alguém dormindo à beira da passagem.

Alguém, cuja fadiga angustiosa
Cedeu ao sono, em meio da ramagem,
E exausto dorme... Tinhas tu coragem
De acordá-lo? Responde-me, formosa.

Papéis de poesia II

Quem dorme, esquece... Pode ser medonho
O pesadelo que entre o horror nos fecha;
Mas sofre menos o que sofre em sonho.

Oh! tu, que turvas o palor da neve,
Tu, que as estrelas escureces, deixa
Meu coração dormir... Pisa de leve.

A posteridade pisou tão de leve na poesia de Guimarães Passos, que não conseguiu tirá-la do esquecimento em que ela até hoje infelizmente permanece adormecida.

Um poeta na Guerra de Canudos: Francisco Mangabeira

Quando alguém comenta o fato de Euclides da Cunha dever sua notoriedade à Guerra de Canudos, respondo que se deu exatamente o contrário: Canudos sobreviveu com intensidade na memória de nossa cultura graças a Euclides. Quantos movimentos desapareceram, reduziram-se a empoeirado registro de especialistas ou a simples nota de pé de página, pela ausência de um grande escritor que os salvasse do esquecimento? À Guerra do Contestado, no Sul do país, não faltaram ingredientes trágicos: estima-se em 8 mil o número de mortos. Durou mais (1912-1916) do que a de Canudos (1896-1897); seu ideário era igualmente restaurador, antirrepublicano. O Contestado contou ainda com o combustível da figura mítica de um líder messiânico, o monge José Maria. A essa Guerra, porém, faltou algo: faltou um Euclides da Cunha.

Embora o escritor, de certo modo, tenha, com *Os sertões* (1902), elaborado a peça magna e definitiva sobre a Guerra de Canudos, à época vários outros relatos históricos e obras literárias circularam sobre o conflito, eclipsados, hoje em dia, pelo indiscutível prestígio e qualidade do texto euclidiano, há muito alçado à categoria de obra-chave no nicho das grandes interpretações do Brasil.

Um dos autores a tematizar o movimento foi o poeta baiano Francisco Mangabeira (1879-1904). Em 1897, participou diretamente do cenário da contenda, integrando a equipe médica do exército. Em 1898, estreara com *Hostiário*, um dos primeiros livros do Simbolismo baiano. Postumamente, a família editou suas *Últimas poesias* (1906). Entre os dois títulos, situa-se, em 1900, *Tragédia épica — a Guerra de Canudos*, que logrou nova edição pela ABL em 2010, a cargo de Aleilton Fonseca.

Trata-se, a rigor, da mesma e de outra Guerra de Canudos, na medida em que ela é retratada sob ângulo diverso do adotado por Euclides. O poema se compartimenta em 20 cantos, de curta extensão, todos nomeados, antecedidos por uma carta e arrematados por "Notas". Curiosamente, a primeira nota, relativa a uma das seções do livro, profetiza o sucesso que Euclides haveria de obter, quando reunisse os dispersos artigos de guerra dirigidos a um jornal: "O `Assalto à Artilharia' é uma espécie de tradução para o verso de uma belíssima carta que o Dr. Euclides da Cunha escreveu de Canudos para o *Estado de S. Paulo*, onde este meu saudoso amigo derramou tanta luz em belíssimas e magistrais correspondências, que, publicadas em livro, lhe garantiriam um triunfo literário".

Se a literatura brasileira já contava com um defunto autor, o Brás Cubas machadiano, passou também a contar com um defunto leitor, pois o prólogo de Mangabeira se intitula "Carta a um morto": no caso, seu amigo Joaquim Pedreira, caído em combate aos 18 anos, e a quem a obra é dedicada. Na carta, declara o poeta, o grande vilão da história teria sido a inépcia do governo. Externa indignação pelo sofrimento e pelas

Papéis de poesia II

mortes: "soldados e fanáticos", mesmo em posições antagô-
nicas no tabuleiro de guerra, foram "igualmente vítimas do
mais lamentável erro político". Condói-se dos soldados abati-
dos, mas igualmente dos revoltosos, que "lembravam leões" e
"resistiram com uma bravura louca até o último instante, sem
que jamais vergassem a espinha numa mesura de submissão e
covardia". Exprime "repulsa àquele monstruoso pesadelo da
Pátria", àquele "morticínio".

Apesar de o poema se abastecer em eventos reais – alguns,
inclusive, presenciados por Mangabeira –, devemos sempre
considerar que o autor não aspirava a um registro documental,
e sim a uma criação literária embasada em substrato histórico.
A *Tragédia épica* permanece prazerosamente legível, ao contrário de várias tentativas similares que a antecederam em nossas
letras, efetivas "tragédias" literárias a demandar esforço épico
do leitor para atravessar suas quase intransponíveis e maciças
páginas (*A confederação dos tamoios,* de Gonçalves de Magalhães
e *Colombo*, de Araújo Porto-Alegre). Muito de seu interesse
reside na habilidade com que o poeta desenvolveu a trama e em
sua polifonia discursiva, conforme adiante se verá. O texto é
modulado por um tom anticelebratório: além de dar voz aos
vencidos, o autor acrescenta que, a rigor, não houve vencedo-
res: existiram apenas derrotados, em diferentes graus, nos dois
lados do conflito. A lente poética é multifocal, ora capturando
a minúcia de uma agonia, ora alargando-se a um cenário cole-
tivo de batalha. Ao longo das seções, alternam-se ou mesclam-
-se enunciados narrativos, líricos, dramáticos, epistolares, à
maneira do que bem mais tarde faria, guardadas as devidas pro-
porções, o *Romanceiro da Inconfidência* (1953), de Cecília Meireles. Outra semelhança, aliás, aproxima as obras: em ambas,

o penúltimo segmento do livro (em Cecília, o "Romance 84", em Mangabeira, o canto 19) se desvia do périplo dos homens para flagrar a errância dos bichos, desnorteados pela morte de seus proprietários. Se, no poema de 1953, "Eles eram muitos cavalos [...] E jazem por aí, caídos", no de 1900 os cães "Pensavam nos seus donos, que nessa hora/ Talvez morressem numa luta insana.../ E os cães (não acreditem embora)/ Tinham no olhar uma tristeza humana". Aos animais, de acordo com as palavras da poeta, é atribuído o sofrido papel de "testemunhas sem depoimento/ diante de equívocos enormes".

Em versos decassílabos e alexandrinos, raras vezes heptassílabos, Francisco Mangabeira urde a "tragédia épica" da dor e do desamparo. Não lhe interessam as vitórias dos generais, o triunfo da república, mas o peso demolidor da insanidade bélica a incidir em cada miúda vida individual. Daí tantas vezes preterir a descrição das batalhas em prol de seus tormentosos legados: as crianças no desamparo, as mulheres viúvas, e as mães, órfãs ao avesso de filhos para sempre perdidos.

O poema se inicia com o segmento "Adeus", a despedida dos jovens em direção ao *front*. Na outra ponta extrema do texto, ocorrerá o retorno a casa, o reencontro familiar. De permeio, uma sucessão de flashes, ora incidindo na conversa entre os soldados, ora revelando os requintes da crueldade guerreira, ora reproduzindo a carta saudosa e lírica de um soldado à mãe. O confronto atinge o clímax nos segmentos 12 ("O combate") e 16 ("O incêndio"), num quadro adubado por vigorosas imagens a que não falta a ironia de uma cálida natureza como contraponto e moldura a inomináveis atrocidades: "Então a luz do sol, em uma labareda/ Voraz, incendiava a deslumbrante seda/ Da cúpula infinita, enchendo-a de esplendores,/ Tornando-a um jardim de luminosas flores" — a eclosão da beleza no cenário do horror.

No canto 14, "Os dois cadáveres", o narrador relata o inútil e tardio armistício entre os contendores: "Ei-los unidos.../ A irrisão da sorte/ Irmanou-os na fúnebre jazida./ Como é tocante a paz feita na morte!/ Como foi triste a guerra feita em vida!// Como se fossem grandes inimigos,/ Furiosos bateram-se na guerra.../ E agora dormem como dois amigos/ No seio maternal da mesma terra". O discurso de Mangabeira se nutre desse desejo da (impossível) conciliação. No segmento final, "*Mater*", o poeta, que jamais rebaixou o nível de humanidade dos revoltosos em função de critérios étnicos ou culturais, delega em definitivo sua fala ao outro, ou melhor, à outra: à voz da mãe de um combatente que à casa retorna, acolhido sem júbilo. Cabe à mulher a fala conclusiva. Ela recusa com firmeza o regozijo de um triunfo alcançado por meio do fratricídio: "São para mim tristes essas palmas,/ Essas dragonas trêmulas e belas,/ Feitas de luto e dor de tantas almas/ Que eu preferia ver-te livre delas".

Quatro anos depois da publicação do livro, foi a vez de os familiares do escritor se enlutarem. Em voluntário serviço médico no Acre, ajudando a salvar vidas, perdeu a sua: contraiu malária e morreu a bordo do navio que o trazia de volta ao solo baiano.

Quando se recordam os 110 anos da morte de Euclides de Cunha, que a ocasião seja propícia para conhecermos outros nomes que também contaram e cantaram Canudos, a exemplo desse talentoso, modesto e hoje esquecido poeta Francisco Mangabeira.

Os fantasmas clandestinos de Cecília Meireles

Em 1919, Cecília Meireles publicou o mais clandestino de seus livros: *Espectros*. A então jovem normalista estreava imersa na estética parnasiana, a tal ponto dissonante de seu futuro estilo que ela, simplesmente, eliminou o livro de sua bibliografia, como se esses *Espectros* jamais houvessem existido.

Num verso, ela convocara "Silenciosos fantasmas de outra idade". Portanto, cuidou apenas, e literalmente, de calar o que já declarara mudo. Além do sequestro bibliográfico da obra, teria também ocorrido sua aniquilação física, pois nem mesmo na biblioteca pessoal de Cecília encontrou-se qualquer vestígio do livro. Nada, porém, se perde de todo; como diria, noutro contexto, Carlos Drummond de Andrade, "de tudo fica um pouco". Assim, em 2001, para a edição do centenário da poeta, um paciente pesquisador, após 82 anos de total desaparecimento da obra, conseguiu descobrir um exemplar de *Espectros*, reincorporando o volume ao patrimônio de nossa poesia. A coletânea, com 17 sonetos, dentre os quais peças dedicadas a Nero, a Cleópatra, a Sansão e Dalila, revelava apenas uma precoce e correta versejadora, hábil artesã de decassílabos e alexandrinos.

Em 1923, liberta dos renegados e parnasianos fantasmas da adolescência, Cecília estreia pela segunda vez, com *Nunca mais...* e *Poema dos poemas*. A década de 1920 testemunhará um fecundo consórcio entre ela e o marido, o artista plástico português Correia Dias, pai de suas três filhas, amigo de Fernando Pessoa, e ilustrador de todos os livros da esposa. Daí advirão *Criança, meu amor*, de 1924, e *Baladas para El-Rei*, de 1925.

A parceria foi brutalmente interrompida no dia 19 de novembro de 1935, quando a caçula, Maria Fernanda, chama Cecília para apontar-lhe, na sala da residência, o corpo do pai, que se enforcou sem deixar sequer um bilhete de adeus, transferindo para a viúva a responsabilidade de sustentar a si e às filhas do casal.

Nunca mais... e *Baladas para El-Rei* revelam uma escritora de mérito, ainda que excessivamente tributária dos padrões estéticos do Simbolismo. Talvez por isso, ao publicar, pela Editora Aguilar, em 1958, sua *Obra poética*, ela tenha optado por excluir ambos os livros. Porém, diversamente do tratamento concedido a *Espectros*, não os apagou de sua bibliografia.

A obra "autorizada" pela escritora se inicia somente com o quarto volume de poemas, *Viagem*, vindo a lume em 1939, pelo Editorial Império, de Lisboa. Lê-se, como um galardão, na capa e na folha de rosto: "Primeiro Prémio de Poesia da Academia Brasileira de Letras em 1938".

A vitória de Cecília, num controverso concurso de acalorados embates, teria representado a afirmação da poesia moderna, enfim enaltecida e agraciada pela ABL. Convém, todavia, restabelecer a verdade factual: a primazia não coube a Cecília Meireles. Convoque-se, antes de *Viagem*, mais um fantasma literário: o livro, hoje de todo esquecido, *Poemas caboclos*, de Vinicius Meyer, premiado pela ABL em 1934. A coletânea, sem ostentar a qualidade da obra de Cecília, já é, todavia, inteiramente modernista, no emprego sistemático do verso livre, na total ausência de rimas, na temática regionalista e na linguagem coloquial, em certos aspectos próxima à de *Cobra Norato*, de Raul Bopp (1931). Ao descrever a mineração, as catas de ouro, Meyer assim se expressa: "como se um bando de noites/ surgisse de dentro da terra/ trazendo, nas mãos, punhados de sol". Em 1936, foi a vez de outro estreante ganhar o prêmio da Academia com poemas igualmente distanciados da tradição parnasiana. Seu nome: Guimarães Rosa; seu livro. *Magma*.

Não foi autora do Modernismo, no sentido estrito do termo. Ignorada pela vanguarda de 1922, tornou-se alvo constante da irreverência de Oswald de Andrade, que, em 1952, de modo ferino, assim a caracterizou: "A senhora Cecília Meireles é uma espécie de Morro de Santo Antônio, que atravanca o livre tráfego da poesia". Alguns grandes poetas, porém – Mário de Andrade, Manuel Bandeira, Carlos Drummond de Andrade, Murilo Mendes –, souberam reconhecer-lhe o talento, a partir, exatamente, de *Viagem* – a definitiva "estreia" da escritora.

Trata-se de harmonioso conjunto composto por várias das obras-primas da autora, dentre as quais "Motivo" – "Eu canto porque o instante existe/e a minha vida está completa./ Não sou alegre nem sou triste:/ Sou poeta" –, "Retrato" – " Em que espelho ficou perdida/ a minha face?" –, "Canção" – "Pus o meu sonho num navio/ e o navio em cima do mar;/ – depois, abri o mar com as mãos/ para o meu sonho naufragar" –, "Guitarra": – "A maior pena que eu tenho,/ punhal de prata,/ não é de me ver morrendo,/ mas de saber quem me mata".

"Sou poeta", aliás, é verso citado para legitimar o substantivo na condição de comum de dois gêneros, a exemplo de "artista", e assim poder prescindir da forma feminina "poetisa". O dicionário *Houaiss*, no entanto, o considera nome masculino. Na atualidade, devido a suposta carga pejorativa – como se "poetisa" fosse a mulher que escreve maus poemas –, há uma nítida tendência a eliminar o vocábulo feminino em prol da utilização de "poeta" para designar ambos os gêneros. Ora, Cecília jamais valeu-se do termo "poeta" para referir-se a uma autora de poesia, ao contrário do que se poderia, por equívoco, inferir-se do verso em questão. Nele, com clareza, ela se reporta arquetipicamente ao "poeta", substantivo masculino, acima da distinção de sexo, englobando homens e mulheres na mesma categoria. Caso ela pretendesse identificar-se como "a" poeta, teria necessariamente de se declarar, versos adiante, "irmã", em vez de "irmão", "das coisas fugidias", e tal não ocorreu. Além disso, para dirimir quaisquer dúvidas, nos originais datiloscritos de "Motivo", encaminhados ao concurso da ABL, Cecília fez questão – pela única vez ao longo do livro – de colocar o poema entre aspas, enfatizando que nele não se registrava a manifestação direta de sua fala, mas o discurso de um Outro, de quem ela, pelas aspas, se fazia mediadora e porta-voz. Esse Outro é o Poeta, na representação de todos os poetas e de todas as poetas.

Dada a excelência de *Viagem*, causa espanto que pudesse ter havido tanta polêmica e resistência na atribuição do prêmio da ABL. Hostilidades provindas, em especial, do obstetra e acadêmico Fernando Magalhães. As razões da animosidade nunca foram de todo esclarecidas, mas é provável que a ele tenha incomodado a desassombrada conduta de Cecília Meireles em artigos jornalísticos na defesa de uma educação pública laica, baseada no ideário da "Escola Nova" propugnado por Fernando de Azevedo. A celeuma chegou como escândalo às páginas dos jornais. Coube ao relator do prêmio, Cassiano Ricardo, efetuar vigorosa defesa do livro de Cecília, posteriormente estampada em *A Academia e a poesia moderna* (1939). O obstinado opositor de *Viagem* propunha laurear a obra, até hoje inédita, *Pororoca*, de Wladimir Emanuel, de cujas não muito profundas águas poéticas Cassiano Ricardo pescou e tornou público o verso "milho, algodão, mandioca, tabaco, feijão". Além de desqualificar *Pororoca* e outros competidores, o relator não poupou a figura do proponente, desferindo dardos envenenados na direção do confrade. Ao cabo da discussão, seu parecer foi aprovado com apenas dois votos contrários – os de Fernando Magalhães e de Alceu Amoroso Lima.

Vinte e sete anos depois, em 1965, a poesia de Cecília foi novamente consagrada pela Academia, dessa feita com o prêmio máximo da instituição, o Machado de Assis, excepcionalmente concedido em caráter póstumo. Cecília Meireles, mesmo em sua ausência física, tornou-se a primeira poeta a conquistá-lo. Antes, do plantel literário feminino, saíra-se vitoriosa Tetrá de Teffé, em 1941, pelo romance *Bati à porta da vida*, numa época em o prêmio contemplava unicamente publicações avulsas. Na sequência, e já na configuração atual – que releva o conjunto da obra –, ele foi atribuído, em 1958, à ficcionista Rachel de Queiroz.

A contínua e qualificada produção de Cecília lhe asseguraria o posto de uma das maiores vozes de nossa poesia, desde *Viagem, Vaga música*, de 1942, *Mar absoluto*, de 1945, até *Solombra* e *Ou isso ou aquilo*, de 1964, ano de sua morte. Pela ascendência açoriana, pelo casamento com Fernando Correia Dias, pelos laços de amizade com escritores portugueses, alguns críticos

Antonio Carlos Secchin

acusaram-na de ser pouco brasileira. Bastaria o mergulho em nosso passado histórico efetuado pelo *Romanceiro da Inconfidência* (1953) para desmentir a acusação. Ademais, em nome de que feroz controle de fronteiras impedir que ela também cantasse a Holanda, a Itália, a Índia, o Japão, e tantos territórios a que seu corpo ou sua imaginação a transportaram? A grande poesia prescinde de passaporte, dispondo de salvo conduto para circular em liberdade como palavra cidadã do mundo. Cecília Meireles não desenvolveu uma literatura circunstancialmente nacional; ela afirmou-se como notável escritora da língua portuguesa, para além das delimitações geográficas. Poesia em trânsito, na perseguição das coisas que ainda não têm nome. Poeta pelos caminhos da terra, pelas asas do ar: não por acaso, considerava-se "pastora de nuvens". Poeta pela trilha das águas, Cecília, a incansável navegante, com sua vaga música em perpétua viagem pelo mar absoluto.

Uma efeméride:
100 anos de *Carnaval*

Segundo o dicionário *Houaiss*, "efeméride" designa, primordialmente, "a tábua astronômica que registra, em intervalos de tempo regulares, a posição relativa de um astro". Na segunda acepção, "fato importante ou grato ocorrido em determinada data". E, na acepção 3, "comemoração de um fato importante, de uma data etc.". Muita coisa cabe nesse "etc", principalmente a jubilosa celebração de alguma cidade, município ou estado. Numa rápida consulta ao maior site de sebos do país, constatei uma profusão de livros de efemérides geográficas: itajubenses, alagoanas, do Cariri, da Freguesia de N. Senhora da Conceição da Praia... A homenagem também pode incidir em alvo restrito: assim, um devotado pesquisador deu-se à pachorra de elaborar minucioso levantamento de efemérides da *Briosa História da Polícia Militar de Pernambuco*. Mais frequentes, porém, são as efemérides temáticas: já foram publicadas, entre outras, as aeronáuticas, as astronômicas, as judiciárias, as navais. Os livreiros não sabem com segurança em que estante alojar material de natureza tão díspar. Na dúvida, tratam de inserir tais obras na estante "outros assuntos".

No campo literário, ressalte-se livro de 1997 dedicado a efemérides da ABL, e dois outros similares, das Academias Mineira e Pernambucana de Letras.

Nas sessões acadêmicas rememoram-se vida e obra de um escritor falecido a partir de um ano-chave de sua biografia, em especial se o ano representa data redonda: cinquentenário de morte, centenário de nascimento. Sendo usual o recurso a tais datas para evocar os antecessores, seria igualmente possível a comemoração de uma outra espécie de aniversário, não do criador, mas da criatura: a obra. Embora o escritor seja o "pai" do livro, o livro, de algum modo, é o "pai" do escritor, pois este – o autor – só nasce, enquanto tal, em decorrência daquele – o livro. O cidadão Manuel Bandeira, por exemplo, chegou ao mundo em 1886, mas o poeta Manuel Bandeira viria à luz apenas em 1917, graças ao volume *A cinza das horas*, que conferiu a Bandeira a certidão de nascimento do escritor. Autor que, literalmente, brotou da *cinza*.

O poeta renasceria em livro dois anos depois, com a publicação de *Carnaval*. 2019 corresponde, portanto, ao ano do centenário dessa obra. Ocasião propícia para a ela retornarmos e redimensioná-la no conjunto da produção poética do escritor.

Constatamos que seu teor antecipatório do Modernismo não se dá na amplitude que lhe conferiu Mário de Andrade, a ponto de haver cognominado Manuel Bandeira de "o São João Batista" do movimento. Com a lucidez que o caracterizava, o poeta pernambucano declarou que devia muito mais ao Modernismo do que o Modernismo a ele, e que só 11 anos mais tarde, com *Libertinagem*, de 1930, aderiria inteiramente à estética de 1922.

Talvez tenha contribuído para o hiperdimensionamento do papel de Bandeira como vanguardista *avant la lettre* o fato de um

Papéis de poesia II

poema de *Carnaval* ter sido lido em São Paulo, na Semana de Arte Moderna: o famoso "Os sapos", sátira ao Parnasianismo. Mas observemos o poema no conjunto do livro. Trata-se do segundo texto de *Carnaval*, composto de 13 quadras e um terceto. Os 55 versos são rigorosamente pentassilábicos, e todas as quadras são rimadas no esquema a-b-a-b. Nada que prenuncie o verso livre – presente, aliás, numa única peça da coletânea, "Debussy", em flagrante contraste com os demais 31 poemas, regularmente rimados, escandidos e metrificados, num arco estendido da redondilha menor ao alexandrino. Na estrofação, predomínio quase absoluto da quadra, ao lado de poucas quintilhas e pouquíssimos tercetos. Mesmo "Os sapos" empreende menos uma crítica ao Parnasianismo como um todo do que a certos tiques e lantejoulas do estilo. Seria, aliás, contraditório Manuel Bandeira atacar indistintamente o movimento, pois seu livro contém vários poemas de nítida e bem executada fatura parnasiana, seja pela forma (versos isométricos, sonetos etc), seja pelo vocabulário de elevada extração, seja pelas referências gregas: o filósofo cínico Menipo e o deus dos bosques, Pã.

Resta examinar a configuração do carnaval propriamente dito na obra homônima de Bandeira. Ainda sob esse aspecto, ela muito pouco prefigura o despojamento vocabular e a extraordinária incorporação das cenas populares ou cotidianas do futuro poeta. Nela desfila – para citar o último verso da coletânea – "O meu carnaval sem nenhuma alegria". Com efeito, em vez do quase ausente rumor das ruas, haverá, na maioria dos poemas, a encenação do medieval triângulo pierrô-colombina-arlequim, num confronto cujo desfecho é pré-conhecido. Leia-se o fúnebre autorretrato de pierrô: "Atrás de minha fronte esquálida,/ Que em insônias se mortifica,/ Brilha uma como chama pálida/ De pálida, pálida mica...". Apesar do carnaval, não há dança de salão, e, sim, dança da solidão. As atribulações do trio, aliás, estiveram em voga no período. Podemos citar, anterior ao de Bandeira, o livro, de 1915, *Morte de Pierrô*, de Júlio César da Silva, irmão da poeta Francisca Júlia, comédia em versos representada no Teatro Carlos Gomes em 1917, e, um pouco posterior, a obra *As máscaras*, de Menotti Del Picchia, editada em 1920. Bastos Tigre publicou, em 1922, sob o pseudônimo de Don Xiquote, o volume *Arlequim*. Para além da representação clássica, no mesmo ano circulava uma versão moderna da figura, nas páginas da *Pauliceia desvairada*, de Mário de Andrade. O adjetivo "arlequinal" está presente em vários de seus poemas, e retalhos multicoloridos da veste do personagem ilustram a capa. Também no prelúdio da modernidade, vale recordar a série de arlequins pintados por Picasso desde o início do século XX, e o "Pierrot lunaire" (1912), de Schoenberg.

Se o derradeiro verso de *Carnaval* confirma a tonalidade depressiva e melancólica do volume, se o penúltimo poema descreve uma túnica de pierrô "Feita de sonho e de desgraça", o verso inicial do volume, no entanto, prometia um roteiro de puro prazer e desregramento: "Quero beber! Cantar asneiras". Como a sequência do livro demonstra, nunca se deve acreditar rápido demais nos poetas. E, a propósito desse verso, Bandeira, numa entrevista de 1964, registra, com deliciosa autoironia: "Em *Carnaval* eu dizia: 'Quero beber! Cantar asneiras!'. Pois um crítico observou: 'Conseguiu plenamente o que queria'".

Para ser fiel ao título deste texto, "100 Anos de Carnaval", após comentar a obra de Bandeira, cabe falar dos festejos carnavalescos propriamente ditos no ano de 1919. Inexiste no livro a presença da festa popular, salvo no poema "Sonho de uma

Papéis de poesia II

terça-feira gorda". Mas a folia carioca de então guardou uma peculiaridade que a tornou, de certo modo, inesquecível: esse carnaval ficou conhecido como "o da gripe espanhola", quando os habitantes do Rio, pela via dionisíaca, exorcizaram a sombra da morte que descera sobre a cidade pouco tempo antes.

No artigo "O carnaval da gripe espanhola", o historiador Ricardo Augusto dos Santos informa que a gripe desembarcou em setembro de 1918, e seu efeito foi catastrófico. Num Rio de Janeiro de cerca de 1 milhão de habitantes, estima-se que 600 mil contraíram o vírus e 15 mil morreram. Comércio, indústria e serviços públicos foram totalmente afetados, nos casos em que não tiveram paralisadas por completo suas atividades. Cadáveres foram abandonados, faltavam coveiros para enterrá-los. Mas, conforme poderia ter escrito Machado de Assis, a gripe entrou à socapa e saiu à sorrelfa, pois desapareceu em novembro, depois de dois meses devastadores. Para comemorar simbolicamente a vitória contra a doença, a gripe foi logo cantada nas ruas, tornando-se tema de marchinhas carnavalescas, como: "Não há tristeza que possa/ Suportar tanta alegria./ Quem não morreu da Espanhola,/ Quem dela pôde escapar/ Não dá mais tratos à bola/ Toca a rir, Toca a brincar...".

Houve, porém, algo mais apimentado no carnaval de 1919, a ponto de, décadas depois, três grandes cronistas a ele retornarem.

Ruy Castro: "Quem não morreu sentiu-se no dever de celebrar a vida, brincando o Carnaval como nunca antes. A cidade saiu em peso para os corsos, ranchos e batalhas de confete. Os pierrôs e caveiras não se contentavam em pular — invadiam as casas e arrastavam os renitentes para a folia. Pela primeira vez, o samba superou os outros ritmos nas ruas. E, numa dessas, o menino Nelson viu, dançando no alto de um carro, na Praça Saenz Peña, uma moça fantasiada de odalisca, com o umbigo à mostra. Ninguém de sua família tinha umbigo – ele próprio só agora descobria o seu".

Carlos Heitor Cony: "No Rio, o sujeito ia atravessar a rua, botava o pé no meio-fio com plena saúde e chegava morto ao meio-fio do outro lado. Era fulminante a gripe, os parentes deixavam os mortos nos bondes, pagavam a passagem deles, como se passageiros fossem. Não havia tempo nem lugar para o enterro. Natural que, depois da fase mortuária, viesse a fase libertária, ou libertina, basta dizer que as delegacias da cidade registraram a queixa de 4.315 defloramentos e outros tantos casos de abandono do lar, adultério e até incesto. E assim é que o Carnaval de 1919 permanece inédito, à espera que algum desocupado encare a época, o Rio da gripe e do depois da gripe, o Rio cuja violência explodiu no sexo de um Carnaval como nunca houve nem haveria igual. A ideia [...] era pegar como narrador um personagem nascido nove meses depois, um filho dessa esbórnia, desse pânico pela morte que estourou donzelas e famílias. Os brasileiros nascidos na feliz data de novembro de 1919 que se habilitem".

Nelson Rodrigues: "Estou aqui reunindo as minhas lembranças. Aquele Carnaval foi, também, e sobretudo, uma vingança dos mortos mal vestidos, mal chorados e, por fim, mal enterrados. Ora, um defunto que não teve o seu bom terno, a sua boa camisa, a sua boa gravata é mais cruel e mais ressentido do que um Nero ultrajado. E o Zé de S. Januário está me dizendo que enterrou sujeitos em ceroulas, e outros nus como santos. A morte vingou-se, repito, no Carnaval... E tudo explodiu no sábado de Carnaval. Vejam bem: até sexta-feira, isto aqui

Papéis de poesia II

era o Rio de Machado de Assis; e, na manhã seguinte, virou o Rio de Benjamin Costallat [...] Desde as primeiras horas de sábado, houve uma obscenidade súbita, nunca vista, e que contaminou toda a cidade. Eram os mortos da Espanhola e tão humilhados e tão ofendidos que cavalgavam os telhados, os muros, as famílias... Nada mais arcaico do que o pudor da véspera. Mocinhas, rapazes, senhoras, velhos cantavam uma modinha tremenda. Eis alguns versos: `Na minha casa não racha lenha,/ Na minha racha, na minha racha./ Na minha casa não há falta de água,/ Na minha abunda".

Regressemos agora ao dicionário *Houaiss*, que deixamos aberto na página do vocábulo "efeméride". Ele se localiza imediatamente após um outro que é o seu oposto, como se o veneno da fugacidade estivesse à espreita para inocular-se em tudo que se deseja eterno. Sim, porque a palavra que dicionariamente antecede efeméride é efemeridade. O efêmero é o reino daquilo que só dura um dia, numa negação do resgate que a efeméride intenta efetuar.

Diversamente dos dois carnavais aqui referidos, o literário e o literal, que perduram na memória de nossa cultura, quantos milhares de livros e milhares de festas de 1919, ao invés de se tornarem passíveis de efeméride, extinguiram-se na modesta condição de terem sido somente efêmeros?

Talvez valesse a pena considerar que, na sábia lição do dicionário, é de apenas um passo, ou um verbete, a distância entre a pretensão da eternidade e a realidade do esquecimento.

João Cabral: tradutor e traduzido

Para ser fiel à proposta deste encontro,[1] pensei que o mais adequado seria falar de João Cabral de Melo Neto, o mais hispanófilo de nossos grandes poetas, não só por haver residido na Espanha, no Paraguai, no Equador e em Honduras, mas por ter sido um grande conhecedor da literatura em língua espanhola e autor, em 1949, de um excelente ensaio sobre Joan Miró. Desta vez, todavia, não falarei da enorme presença da Espanha na poesia de Cabral, objeto de dezenas de ensaios e de alguns livros de grande qualidade crítica.

Meu tema central são as traduções de seus poemas, mas pensei em trazer também à baila uma faceta menos conhecida do poeta: a de tradutor – quais textos traduziu e em que circunstâncias se ocupou disso. Daí o título "João Cabral: tradutor e traduzido".

---

1 O autor agradece, na pessoa do prof. dr. Alexandre Pilati, o honroso convite para abrir a 2ª Conferência Internacional das Línguas Portuguesa e Espanhola, CILPE 2022, realizada no Complexo Brasil 21, Brasília, 16.2.2022.

A primeira tradução cabralina foi publicada em 1945: um conto de William Saroyan, clássico da literatura de língua inglesa, intitulado "O ousado rapaz do trapézio suspenso". Curiosamente, os segmentos iniciais da narrativa se intitulam "Sono" e "Vigília". Ora, o livro de estreia de Cabral, em 1942 – portanto, antes da tradução –, se chama *Pedra do sono*. E a partir de *O engenheiro*, de 1945, ele vai se notabilizar como um poeta da vigília, do olhar aceso.

Na carreira diplomática, o primeiro posto de João Cabral, em 1947, foi Barcelona. A partir de então, ele desenvolveu forte vínculo com a cultura espanhola, de início com a Catalunha, que dispõe de idioma, o catalão, paralelo ao espanhol. Dois anos depois seria publicado, na *Revista Brasileira de Poesia* n.4, seu mais extenso trabalho de tradução, "Quinze poetas catalães". O poeta sempre teve tendência a valorizar mais o traço regional do que o nacional: cuidou de divulgar não os nomes consensuais da literatura espanhola, porém, mais especificamente, os escritores da literatura catalã.

Traduziu também do inglês e do francês, línguas básicas no mundo da diplomacia à época. Em 1955, ocupou-se de William Carlos Williams, Amy Lowell e Charles Eaton, para duas antologias com poetas de língua inglesa. Em 1980, retornou ao idioma, com cinco poemas de Robert Bringhurst incluídos na coletânea *Quingumbo*, organizada por Kerry Shawn Keys. Antes, em 1963, publicara a tradução de um clássico de Calderón de la Barca, *Os mistérios da missa*.

Para quem viveu 79 anos, João Cabral não desenvolveu atividade muito intensa no terreno tradutório. Seu trabalho com *A sapateira prodigiosa*, de García Lorca, ainda permanece inédito.

Papéis de poesia II

Traduziu a peça para o teatro O Tablado, do Rio de Janeiro, dirigido por Maria Clara Machado.

Ela, aliás, é personagem de relevo em uma história importante na trajetória de João Cabral, pois declinou de levar ao palco uma obra que ele escrevera sob sua encomenda – nada menos do que *Morte e vida severina*. Maria Clara lhe havia solicitado um Auto de Natal. Provavelmente esperava um enredo com a presença dos Reis Magos, da Virgem, dos pastores, mas se deparou com uma peça que expunha a sofrida realidade do Nordeste, na qual Jesus é simbolicamente retratado como um Severino recifense nascido num mangue em meio à pobreza. A recusa do texto gerou indisfarçada mágoa em Cabral, que, em entrevistas, não deixava de rememorá-la. Ironicamente, poucos anos depois, *Morte e vida* se transformaria em obra de monumental sucesso, com mais de cem edições em livro e dezenas de encenações, dentro e fora do Brasil.

Ainda sobre João Cabral tradutor, cito *A montanha dos sete patamares*, uma autobiografia de fundo religioso do monge Thomas Merton, obra hoje esquecida. Nos créditos, a tradução é atribuída a outro escritor, José Geraldo Vieira. Cabral assumiu a autoria numa entrevista ao crítico Luiz Costa Lima. Relembrou que no ano da publicação, 1952, encontrava-se no Brasil, afastado da função diplomática sob a acusação de articular no exterior uma rede comunista. Teve de retornar ao Recife, sem vencimentos, com mulher e três filhos a sustentar. Para ganhar dinheiro, uma alternativa foi fazer tradução; pedia a outrem que a assinasse, pelo temor de represálias em função das perseguições políticas. O curioso foi ele ter traduzido o livro de um monge em tudo hostil ao ideário comunista. João Cabral manifestava, de fato, sintonia com o comunismo; em determinada fase da vida, considerava Stálin seu grande ídolo. E jamais deixou de ser considerado um autor de esquerda.

Passemos ao João Cabral traduzido. Até agora, registram-se poemas seus em sete idiomas: alemão, catalão, espanhol, francês, holandês, inglês e italiano. Sabemos que a tradução de poesia tende a ser mais árdua, e a circular menos do que a tradução de prosa. Não se pode comparar a ressonância de um Jorge Amado, presente em dezenas de idiomas, com a de João Cabral, apenas em sete e, mesmo assim, em edições de escassa tiragem.

Tive o privilégio de conviver bastante tempo com ele. Quando regressava ao Brasil, nas suas férias de diplomata, sempre me recebia com gentileza e afeto. Certa vez, me revelou que as traduções de seus poemas que o deixavam mais feliz eram as do alemão e do holandês. Indaguei o motivo. Respondeu que, como não as entendia, poupava-se de sofrer com eventuais barbaridades cometidas contra os textos.

Desgostou-se com certa tradução para o espanhol. Como sabem, existe uma tradição poética, muito em voga no Romantismo, dos "jogos florais", em que o autor compara a mulher às flores. João Cabral arquitetou um poema não de jogos florais, e sim frutais, projetando a figura feminina em frutas saborosas e suculentas do Nordeste: a mangaba, a graviola, o cajá, entre outras. As delicadas e convencionais associações da mulher ao reino das flores se transformaram em eróticos e inesperados jogos frutais: a mulher como fruta e fruto do desejo. A tradutora espanhola, não entendendo a proposta do original, transformou o que eram "jogos" em "sucos" frutais, para perplexidade e decepção do poeta.

Trata-se, todavia, de uma infeliz exceção, porque ele, em geral, foi contemplado com excelentes traduções, como as de

Papéis de poesia II

Curt Meyer-Clason, divulgador das letras brasileiras em língua alemã, para a qual verteu, além do poeta, autores do porte de Euclides da Cunha, Carlos Drummond de Andrade e Guimarães Rosa. Em inglês, dele ocupou-se a poeta Elizabeth Bishop. Para o francês, porém, praticamente não existem traduções – apenas duas, semiclandestinas. Uma delas, inédita, de *Morte e vida severina*, foi levada a cabo pelo falecido escritor Bruno Tolentino, num trabalho de grande qualidade.

Tanto do ponto de vista quantitativo quanto qualitativo, ressaltam-se as traduções para o espanhol. Desde as pioneiras, de Ángel Crespo, em 1962, até as recentíssimas e excelentes de Iván Carvajal, em *Vivir en los Andes – Poemas ecuatorianos*. A mais completa entre todas encontra-se em *Piedra fundamental*, de 2002, resultado de um projeto em que tive a satisfação de atuar. Este livro congrega um conjunto de notáveis tradutores, vários deles também poetas. A mim coube a seleção dos poemas e o posfácio da obra, editada na importante Coleção Ayacucho. com a organização de Felipe Fortuna. Sediada na Venezuela, a Ayacucho vem publicando uma série de clássicos da literatura latino-americana, com a inclusão de alguns poucos títulos de literatura brasileira. *Piedra fundamental* é volume que contém 436 páginas e contempla não só a poesia, mas também a prosa de João Cabral de Melo Neto.

Já *Vivir en los Andes* é uma pequena joia gráfica e editorial, muito bem cuidada tanto na qualidade do texto quanto na da composição e impressão, em tiragem de mil exemplares numerados. A coletânea agrega os dez poemas equatorianos, até 2020, conhecidos de João Cabral, todos oriundos da seção "Viver nos Andes", de *Agrestes* (1985). Em 2021, saiu, ampliada, nova edição. Em pesquisa na Fundação Casa de Rui Barbosa, a professora

Antonio Carlos Secchin

Edneia Ribeiro localizou 53 poemas inéditos de João Cabral, de temática variada; dentre eles, nada menos do que nove são dedicados ao Equador. Por isso, *Vivir en los Andes* praticamente dobrou de tamanho, passando de 10 para 19 poemas equatorianos, dentre eles "Quito de América", longo poema de 12 estrofes e 48 versos.

Os inéditos abordam temas muito caros a João Cabral, como a comparação entre o Nordeste e outras paisagens. Trazendo consigo o Pernambuco de origem, ele sempre buscava, no espaço em que morava ou visitava, os traços de seu espaço natal. Outra característica de tais poemas consiste no que entendemos como percepção política da paisagem. Cabral não a encara apenas como elemento natural; interpreta-a como representação metafórica de fatores históricos e sociais. O Chimborazo sinaliza a latência de uma futura explosão, apesar de tratar-se de vulcão mudo, adormecido. O poeta o associa ao povo latino-americano: dispõe de potencial explosivo, mas encontra-se igualmente calado, à espera de um Bolívar, de um comandante libertador, que venha lhe deflagrar a combustão, para que o povo da América Latina possa construir o próprio destino e pavimentar seu caminho para a liberdade.

Outra constante em João Cabral é a crítica à hipérbole, ao discurso caricatural de tribuno, a falar muito para dizer nada, num discurso cheio do vazio. Se demonstrava imensa empatia pelos oprimidos, João Cabral, por outro lado, manifestava intensa antipatia pela poesia de Pablo Neruda. Considerava-a um modelo negativo da retórica fácil e altissonante. Culpava Neruda de ter feito mal à poesia brasileira, pela influência exercida sobre Carlos Drummond de Andrade, Vinicius de Moraes e outros poetas que seguiram à época as diretrizes poéticas indicadas pelo escritor chileno.

Papéis de poesia II

Retornemos ao Cabral tradutor, em dois outros níveis. Um, o da tradução intersemiótica, de outras linguagens para a linguagem verbal, com ênfase nas linguagens da pintura e da escultura. Vários de seus poemas "traduzem" a linguagem pictórica, de artistas como Vicente do Rego Monteiro, Miró, Picasso e, em especial, Mondrian, o mais afim, na tela, com aquilo que Cabral persegue no texto. Também em artes populares o escritor iria enxergar características da linguagem poética: no *cante flamenco*, no futebol, na tauromaquia.

Por fim, num outro nível, proponho que consideremos as traduções no âmbito de seu próprio idioma, ou seja, do português para o "cabralês". Às vezes ele parte, criticamente, de palavras ou imagens desgastadas pela tradição e as "traduz" por outras sem lastro poético. Leia-se o poema "O relógio". Nele, o poeta descreve vários mecanismos que funcionam na marcação do transcurso do tempo; um deles está contido no corpo humano, é a nossa "bomba motor" cardíaca. Ele a "traduz" no verso "(coração noutra linguagem)". O coração, órgão cultuado pelo discurso romântico, é ressignificado, em "cabralês", como "bomba motor". Outro poema, o desafiador "España en el corazón",[2] fornece bom mote para alvejar Pablo Neruda. Se Cabral gostava da Espanha, não gostava, como vimos, de louvar o coração, tampouco de louvar a poesia de Neruda. O chileno afirmou que trazia a Espanha no coração. Cabral retrucou: "A Espanha é uma coisa de tripa,/ mais abaixo do estômago"; "a Espanha está nessa cintura/ que um toureiro oferece

---

2 Alusão a obra homônima *España en el corazón: himno a las glorias del pueblo en la guerra*, de 1937, livro de Pablo Neruda dedicado à Guerra Civil Espanhola.

ao touro". E arrematou: "de tripas fundas, daquelas abaixo/ do que se chama o baixo-ventre,/ que põem os homens de pé,/ e o espanhol especialmente./ Dessa tripa de mais abaixo,/ como escrever sem palavrão?/ A Espanha é coisa dessa tripa/ (digo alto ou baixo?), de colhão". Ao símbolo-coração ele contrapôs a tripa, uma palavra considerada de "mau gosto" na poesia e que ele incorporou provocativamente a seu vocabulário.

Em "Descoberta da literatura", de *A escola das facas* (1980), João Cabral conta a história de si quando criança, descendente de senhor de engenho, e de seus encontros clandestinos com trabalhadores analfabetos, que lhe demandavam a leitura de romances de cordel. A obra de João Cabral pode ser vista, de certo modo, como uma interseção entre essas duas linguagens, a culta, da "Casa Grande", e a popular, da "senzala" — tanto que ele denominou um seu livro de *Duas águas*.

Sua poesia flui em ambas as direções: a da comunicação direta, presente em *Morte e vida severina*, tem raiz no cordel, literatura para voz alta, que pode prescindir da leitura. A outra se materializa em versão mais cerebral, demandando a atenção e uma abordagem silenciosa e reflexiva do leitor.

João Cabral navega nessas duas águas. Não adere de todo ao discurso do cordel, porque, conforme registrei num ensaio, se é possível a alfabetização, é impossível a desalfabetização. Na tentativa de escrever o simulacro de um cordel, o poeta deixará expostas as marcas linguísticas, diferenciadas, de sua origem social. Mas, ao se dirigir a leitores da "Casa Grande", nunca omitirá sua simpatia pelos deserdados, pelos pobres, por aqueles que quase não têm voz, e que reconhecem na voz do grande poeta o alto-falante necessário para se fazerem ouvir.

As marcas do exílio na poesia de Ferreira Gullar

Convoco a memória de um grande poeta, considerado, em sua maturidade, o maior do país. Nascido no Maranhão, publicou aos 24 anos um livro que revolucionou o marasmo do panorama poético de seu tempo. Era filho de comerciante. Viveu a experiência do exílio, e fora do Brasil escreveu seu poema de maior sucesso. Esteve no Peru. Foi autor de peças teatrais. Seu nome integra o quadro da Academia Brasileira de Letras. Refiro-me a Gonçalves Dias.

O primeiro poema do primeiro livro do primeiro grande poeta nacional já se abre com a questão que hoje nos ocupa. Trata-se da "Canção do exílio", texto inicial de *Primeiros cantos* de Gonçalves Dias, publicado em 1846. É curioso que a identidade poética brasileira seja declarada a partir de fora, pela voz de um exilado: o país não surge aqui, mas como um espaço distante, lá: "Não permita Deus que eu morra/ Sem que volte para lá". A rigor, todo desejo se intensifica pela ausência do objeto desejado, seja ele um corpo, seja um país.

Se todos conhecem o poema inaugural de Gonçalves Dias, quase ninguém conhece o último. Chama-se "Minha terra", texto singelo, datado de junho de 1864, ano da morte do poeta. Nele, o escritor, então de novo ausente do país, reafirma a necessidade de voltar ao lugar de origem, mas essa origem não é geográfica, ou somente geográfica: é textual. A rigor, o último poema quer retornar ao primeiro, reescrevendo-se de novo, como outra "Canção do exílio". Nessa operação de retorno, o texto derradeiro apropria-se, até, das duas palavras que abriam o texto-matriz: "Minha terra". O poema final ata-se à primeira ponta do poema inicial. O autor regressa ao mesmo tempo a uma terra e a um texto, na medida em que o poema é o verdadeiro berço do poeta, o espaço onde ele não cessa de renascer a cada nova leitura.

Vamos ao dicionário. *Houaiss* define exílio: "expatriação forçada ou por livre escolha". Há, portanto, um exílio voluntário, não proveniente de situações adversas, mas, de qualquer modo, há sempre o aceno de um horizonte mais acolhedor. Foi o caso de Gonçalves Dias, atraído pela perspectiva de estudar em Portugal.

Ao longo da história de nossa poesia, o exílio é multifacetado. Além de sua mais ostensiva figuração – a da saída do país –, existiram exemplos de exílios internos, fugas para espaços menos hostis no próprio território brasileiro, e até de exílios íntimos, em que o refúgio na própria interioridade aparenta ser o porto mais seguro.

Outro poeta romântico, e também maranhense, viveu longo tempo em Nova York: Sousândrade, que lá esteve de 1871 a 1885. Percorreu a América Hispânica, e com o lastro de todas essas ambulações no exílio compôs sua epopeia *O Guesa*.

Recordemo-nos de Olavo Bilac, num exílio interno, instado a se refugiar em Campanha, Minas Gerais, após desavenças

Papéis de poesia II

com o regime de Floriano Peixoto. No Parnasianismo, aliás, era moda exilar-se para, com elegância, morrer em Paris. Assim fizeram um poeta hoje ignorado, Guimarães Passos, morto em 1909, e um de mais relevo, Raimundo Correia, o terceiro maranhense aqui citado, falecido em 1911. A unir Guimarães Passos e Raimundo Correia, o fato de seus despojos terem retornado juntos ao Brasil em 1921, por iniciativa da Academia Brasileira de Letras. E, a unir Gonçalves Dias e Raimundo Correia, a presença de navios em situações opostas da existência: foi a bordo de um navio, na costa maranhense, que Raimundo nasceu, em 1859; e, também na costa do Maranhão, em 1864, o navio *Ville de Boulogne* naufragou. Salvaram-se todos os passageiros, exceto um: Gonçalves Dias. Nascer e morrer no mar já configurava, simbolicamente, a vocação do exílio.

Lembremos ainda o cearense José Albano, o melhor praticante do estilo camoniano entre nós, com a ressalva de ter sido camoniano 317 anos depois de Camões. Figura talentosa e excêntrica, cujo desequilíbrio mental se intensificou em território francês. Sobre ele, pronunciou-se Manuel Bandeira: "foi um altíssimo poeta, escreveu um dos mais belos sonetos da língua portuguesa e de todas as línguas, viveu perfeitamente feliz dentro do seu sonho, na loucura que Deus lhe deu e na miséria que foi a criação de sua própria mão perdulária".

Fora do âmbito da poesia, evoquemos Silva Jardim, tribuno, jornalista, um dos maiores defensores da causa republicana. Decepcionado com os rumos da República que ajudara a implantar, em 1890, aos 30 anos, exila-se na Europa. Em carta a um amigo, refere o desejo de "instruir-me, disfarçar a dor do exílio voluntário". Pouco durou seu período no exterior, pois em julho de 1891, num movimento desastrado, caiu numa cratera do Vesúvio. Ostenta a discutível e pouco invejada notoriedade de ter sido, até hoje, o único escritor brasileiro engolido por um vulcão.

Exemplo mais recente é o de João Cabral de Melo Neto, exilado no Recife, no início da década de 1950, após ter sido afastado da carreira diplomática devido a denúncias de caráter ideológico, delatado por um colega por haver, supostamente, propagado ideias comunistas. Devia ser terrível viver num país em que o governo em geral, e o Itamaraty em particular, perseguiam de modo obtuso a circulação do pensamento da esquerda.

Foi devido à filiação a esse pensamento que outro escritor viveu o sofrimento compulsório do exílio.

Convoco a memória de um grande poeta, considerado, em sua maturidade, o maior do país. Nascido no Maranhão, publicou aos 24 anos um livro que revolucionou o marasmo do panorama poético de seu tempo. Era filho de comerciante. Viveu a experiência do exílio, e fora do país escreveu sua obra de maior sucesso. Esteve no Peru. Foi autor de peças teatrais. Seu nome integra o quadro da Academia Brasileira de Letras. Ferreira Gullar.

Resumindo sua biografia ao tema que hoje nos ocupa, torna-se ostensivo, na década de 1960, seu forte engajamento no ideário reformista ou mesmo revolucionário professado pela maioria da intelectualidade brasileira no período imediatamente anterior à ditadura militar. Mais do que apenas aderir a um pensamento, Gullar se predispôs a participações concretas e efetivas. No que se refere aos fatos de sua vida no período entre 1962 e 1977, recorro à cronologia estabelecida por Augusto Sérgio Bastos, no volume da *Poesia completa, teatro e prosa,* publicado pela Nova Aguilar em 2008.

Papéis de poesia II

Em 1962, ingressa no CPC – Centro Popular de Cultura. Publica poemas de cordel de forte teor político. Participa das Ligas Camponesas de Francisco Julião e se aproxima do Partido Comunista. Em 1964, em 1º de abril, dia seguinte ao golpe de Estado, se filia ao Partido, tão logo ele foi colocado na ilegalidade. A primeira edição de um seu livro, *Cultura posta em questão*, é queimada por militares na sede da União Nacional de Estudantes, a UNE. Em 1966, com grande sucesso, é encenada sua peça, em parceria com Oduvaldo Vianna Filho, *Se correr o bicho pega, se ficar o bicho come*. Em 1968, na sequência do Ato Institucional n.5, é preso durante 20 dias. A partir de 1970, procurado pela polícia, passa a esconder-se em casas de amigos. No ano seguinte, embarca para o exílio em Moscou, que dura dois anos. Em 1973, muda-se para o Chile de Salvador Allende, e está no país quando o presidente é deposto e morre. De lá vai para o Peru, e, no ano seguinte, refugia-se na Argentina, chegando a Buenos Aires exatamente no dia da morte de Perón. Tem o passaporte confiscado. Apenas em 1977, em março, consegue voltar ao Brasil, onde é imediatamente preso e levado ao DOI-CODI, sofrendo interrogatório por 72 horas consecutivas. Pouco depois, com a gradativa deterioração do regime militar, consegue retomar os trilhos da vida, estabelecendo-se como jornalista, dramaturgo (em parceria, especialmente, com Dias Gomes), tradutor, e, sobretudo, poeta, até falecer, em 4 de dezembro de 2016.

Para além dessas duras peripécias biográficas das décadas de 1960 e 1970, vai-nos interessar a expressão – ou o recalque – de tais experiências na obra literária de Gullar.

Em Moscou, conheceu Elôina, grande amor, que inspirou um de seus mais belos poemas, a "Cantiga para não morrer":

Quando você for se embora,
moça branca como a neve,
me leve.

Se acaso você não possa
me carregar pela mão,
menina branca de neve,
me leve no coração.

Se no coração não possa
por acaso me levar,
moça de sonho e de neve,
me leve no seu lembrar.

E se aí também não possa
por tanta coisa que leve
já viva em seu pensamento,
menina branca de neve,
me leve no esquecimento.

Nenhum ideal político, por mais bem-intencionado, é capaz de extinguir a pulsão do desejo. O período do exílio rendeu a única narrativa longa explicitamente político-autobiográfica de Gullar, *Rabo de foguete*, de 1998. Lá está o relato das aventuras e desventuras do amor por Elôina, para além das fronteiras soviéticas e ideológicas.

Se o exílio é a matéria memorialística de *Rabo de foguete*, ele, exílio, e seus antecedentes e consequências — fugas, perseguições, prisões — são temas pouco presentes na poesia de Gullar, avesso a vitimizar-se ou a colocar no centro da cena o seu drama pessoal.

Papéis de poesia II

Contabilizamos um único poema, "O prisioneiro", escrito e localizado na Vila Militar, onde estava encarcerado. Há dois poemas chilenos intitulados... "Dois poemas chilenos". Um terceiro, "Queda de Allende", é fruto tardio do período pós-exílio, publicado em livro de 1999, *Muitas vozes*. Nos dez versos de "Exílio", não fala de si, mas da família que deixou no Rio de Janeiro. Poucas incidências, numa obra que ultrapassa as 500 páginas. Relatos em prosa desse período eram eventualmente publicados no *Pasquim*, em crônicas nas quais, com leveza e humor, falava, por exemplo, de seu reencontro com um amigo maranhense em Buenos Aires, ou das sórdidas condições higiênicas da pensão em que morava, no Peru. Não devemos, porém, confundir a escassa produção de uma poesia DO exílio, com a intensa produção da poesia NO exílio, que gerou o *Poema sujo*, composto na Argentina.

Com exceção de algumas avulsas peças panfletárias e dos romances de cordel, um deles de nítida contestação ao poderio de viés colonialista do império norte-americano, a poesia de Gullar se pretende mais social do que política. Além de quase sempre evitar o partidarismo no sentido estrito, sua poesia cultivou o lirismo, e investiu em temas universalmente humanos: a memória, a dor, a velhice, a perda, a morte.

E aqui chegamos a um outro sentido da palavra exílio, à sua quarta acepção no dicionário *Houaiss*: "isolamento do convívio social, solidão". Um de seus mais famosos poemas trata basicamente dessa questão. Refiro-me ao famoso "Traduzir-se":

Uma parte de mim
é todo mundo;
outra parte é ninguém:
fundo sem fundo.

Antonio Carlos Secchin

Uma parte de mim
é multidão:
outra parte estranheza
e solidão.

Uma parte de mim
pesa, pondera;
outra parte
delira.

Uma parte de mim
almoça e janta;
outra parte
se espanta.

Uma parte de mim
é permanente;
outra parte
se sabe de repente.

Uma parte de mim
é só vertigem;
outra parte,
linguagem.

Traduzir-se uma parte
na outra parte
– que é uma questão
de vida ou morte –
será arte?

Papéis de poesia II

O tema central é a aparente impossibilidade de conciliar dois lados da existência. Um, pragmático, racional, sob controle e ordem. Outro, associado ao desconhecido, ao íntimo, àquilo que escapa do olhar alheio e se apresenta como inegociável individualidade. Essa tensão entre o que é norma reguladora e o que é desvio comparece na forma do poema, que se alterna num jogo de simetrias — uma parte — e desvios — outra parte. Simetria: 6 estrofes de 4 versos; desvio: uma de 5; simetria: nas quadras, rimas nos versos 2 e 4; desvio, rimas "pondera/delira, vertigem/linguagem". Simetria: os versos 1 e 2 de cada estrofe — o lugar da ordem — têm 4 e 6 sílabas; desvio, versos 3 e 4, métricas variadas. Simetria: o bom senso ocupa os versos 1 e 2, o desvio, os versos 3 e 4. Quando se vai a um lado, há uma perda, ou exílio do outro. Isso ou aquilo. Integração ou delírio. Mas examinemos a estrofe 5: nela, o lugar textual do bom senso já é ocupado pelo outro lado, a vertigem, e, no espaço do delírio, surge a linguagem, ou seja, a forma do poema já antecipa aquilo que o conteúdo deseja atingir: a integração de uma parte na outra parte. Tanto que, na estrofe final, a regência do verbo não leva a traduzir uma parte *para* a outra parte, e sim *na* outra parte. Se dividirmos silabicamente a palavra parte de modo convencional, encontraremos o "par-," os dois, um lado e outro; mas, se fragmentarmos o vocábulo em outro inesperado recorte, de dentro de "parte", que significa divisão, emergirá a palavra "arte", união dos dois lados que pareciam até então irredutivelmente antagônicos. Quando as partes deixam de ser partes, quando se franqueiam, transformam-se em arte. Arte — o único efetivo território perpetuamente aberto para o exílio e para a liberdade de qualquer escritor.

Caetano Veloso: Londres e São Paulo

No livro *As flores do mal*, de Charles Baudelaire, 1857, há uma seção de 18 poemas dedicados à cidade, mais especificamente a uma cidade, Paris. A metrópole deixa de ser cenário e transforma-se em personagem, uma nova musa, tão atraente ou terrível quanto suas predecessoras, humanas ou divinas. O conjunto se intitula "Quadros parisienses". Lemos no poema "O cisne": "A forma de uma cidade muda mais, ai de mim, do que o coração de um homem". Não apenas *la donna*, *la città è mobile*. Sim, a cidade é móvel, volúvel. É feita de gente, cimento, vidro, ferro, mas também é construída por memórias, sonhos, pesadelos e palavras. Em "O sol", Baudelaire vai "tropeçando em palavras como nas calçadas". Às vezes, as evocações da memória, e das palavras e das imagens que as reconstituem, podem doer mais do que o efeito de uma pedrada. Ainda Baudelaire: "Minhas lembranças são mais pesadas do que socos".

Aqui, se falará de cidades erguidas com palavras. Curiosamente, todos os quatro poetas a serem estudados têm relação não só com as cidades, mas com a música. Caetano é compositor; João Cabral foi musicado por Chico Buarque; Gullar, além de ter poemas musicados, escreveu letras para alguns compositores; e até Bilac entra nessa roda, pois é o autor da letra do Hino à Bandeira, salve o lindo pendão da esperança! E, como a música popular elegeu seus metros mais constantes (redondilha menor, 5 sílabas, redondilha maior, 7), observem que até os nomes dos poetas se enquadram nesse parâmetro: João Cabral de Melo Neto, 7 sílabas; Ferreira Gullar, Olavo Bilac, Caetano Veloso, 5. Quem não aprecia o metro popular poderia argumentar que o nome completo de Bilac é um solene verso de doze sílabas, o alexandrino "Olavo Brás Martins dos Guimarães Bilac". Nesse caso, eu retrucaria, dizendo que o nome de Caetano também é um perfeito alexandrino: Caetano Emanoel Viana Teles Veloso. Vejam como são fluidas as fronteiras entre o que é popular e o que é clássico, pois os nomes podem transitar com liberdade nas duas direções.

Passemos, porém, a Caetano e sua relação com as cidades, mais especificamente Londres e São Paulo. Na plaquete *Sobre as letras*, de 2003, organizada por Eucanaã Ferraz, o artista declara que todas as suas letras são autobiográficas, até as que não são. Em outro momento, afirma: "Amo a palavra CIDADE. Amo cidades. Me sinto um ser urbano".

Examinemos, então, o que significa a experiência urbana em terra estrangeira, Londres, e a experiência em terra estranha, São Paulo, uma vez que o poeta provém de Santo Amaro da Purificação, na Bahia. Experiências do imigrante e do migrante.

Vamos ao primeiro relato, o do exílio involuntário em Londres, entre 1969 e 1971, por imposição do regime militar. A tradução da letra foi feita especialmente para este encontro pelo poeta e acadêmico Antonio Cicero.

Papéis de poesia II

Londres, Londres

Vagando sem destino por aí
Por Londres Londres linda vou sozinho
Atravesso as ruas sem temer
Todo o mundo abre-me o caminho
Ninguém há que eu conheça e cumprimente
Só sei que todos abrem-me o caminho
Estou sozinho em Londres sem temer
Vagando sem destino por aí
Enquanto meus olhos
Procuram discos voadores lá no céu
Ah, domingo e segunda, outono passam por mim
E gente apressada mas tranquila
Pessoas se dirigem a um guarda
Que aparentemente acha agradável agradar
Ao menos viver é bom e eu concordo
Ao menos ele aparentemente acha agradável
É tão bom viver em paz e
Domingo, segunda, anos e eu concordo
Enquanto meus olhos
Procuram discos voadores lá no céu
Não escolho olhar para rosto algum
Não escolho caminho algum
Apenas me acontece estar aqui
E é legal
Grama verde, olhos azuis, céu cinza, Deus abençoe
Dor silenciosa e felicidade
Eu vim para dizer sim, e digo
Mas meus olhos procuram discos voadores lá no céu.
(Disco *Caetano Veloso*, 1971)

Antonio Carlos Secchin

O início – "Vagando sem destino por aí,/ Por Londres Londres linda vou sozinho" – não deixa de evocar o começo de uma canção de 1967, em cujo título, aliás, ocorre a mesma duplicação de um único substantivo, "Alegria, alegria": "Caminhando contra o vento/ sem lenço e sem documento/ no sol de quase dezembro/ eu vou". Mas quantas diferenças! Há um tom dionisíaco nessa canção, a partir do título, "alegria", do discurso afirmativo – "eu vou" –, da celebração cromática ("os olhos cheios de cores") e até do registro térmico – a temperatura "tropicalidamente" agradável da primavera ("sol de quase dezembro"), à qual se opõe o frio outono europeu duas vezes citados em "London, London", marcado pela tonalidade cinza – branco e preto da Inglaterra, de um lado, contraposto à profusão do arco-íris brasileiro.

Há um gesto reiterado no texto londrino: o olhar em busca de discos voadores. Ora, em vez de atentar para a paisagem urbana – as ruas, os prédios –, Caetano atenta para a transcendental, ou seja, na cidade, ele procura exatamente o que não está na cidade, deseja ver o que ali não se apresenta: os discos voadores, ainda de mais dificultosa visualização devido à barreira de um céu cinza e turvo. A referência à cor verde da grama poderia igualmente caracterizar parques de outros lugares do planeta. Quase uma inútil paisagem para quem se interessa pela paisagem celeste. Pode-se perceber uma confissão do desenraizamento, no tom algo melancólico de um estar ali arbitrário, contingente. Cito na tradução de Antonio Cicero: "Não escolho caminho algum/ Apenas me acontece estar aqui". Se a grama se vincula a raiz e proximidade, o disco voador aponta para altitude e distância, para algo de uma inalcançável natureza; ele representa a máxima alteridade: é o extraestrangeiro radical, porque extraterreno.

Papéis de poesia II

A letra de Caetano não demonstra nem afeto nem hostilidade frente a Londres: apenas uma resignada disponibilidade para o acaso, e a percepção de uma bem-comportada, civilizada, indiferença dos outros para com ele. Cito: "Ninguém há que eu conheça e cumprimente/ Só sei que todos abrem-me o caminho".

Nas interseções entre vida e obra, seria interessante recordar uma crônica de Caetano Veloso publicada no *Pasquim* em dezembro de 1969, anterior, portanto, ao disco, de 1971, em que afirma praticamente o mesmo: "Eu atravesso as ruas sem medo, pois eu sei que eles são educados. E deixam o caminho livre. Mas eu não estou aqui e não tenho nada com isso". Há um "eles", um grupo, sem rosto, sem corpo definido, na letra de música e na crônica, mas a crônica intensifica o despertencimento à paisagem londrina, na declaração "eu não estou aqui". Ora, ele está ali, mas eu diria que ele "não está nem aí". A sabedoria da frase popular "não estou nem aí" indica que de fato nós moramos onde o desejo nos projeta, embora com frequência paguemos caro o aluguel de um endereço errado, pois nem sempre ocorre a confluência entre o espaço real e o espaço do desejo. Lugar desejado? Por exemplo: Santo Amaro da Purificação. Dele diz o poeta, na canção "Trilhos urbanos": "O melhor o tempo esconde/ Longe muito longe,/ Mas bem dentro aqui. [...] Cana doce, Santo Amaro/ Gosto muito raro/ Trago em mim por ti". Antiexemplo, Londres, onde recorre a uma língua estrangeira para falar da cidade estrangeira. Duplo exílio, geográfico e linguístico. Na letra ele não se dirige a ninguém específico, apenas escuta. Quem fala são as pessoas locais, conversando com o policial. Deslocado naquele mundo, devaneia em direção a outro mundo, o extramundo, o disco voador.

Antonio Carlos Secchin

Aliás, pela acepção primeira da palavra "cidade", ousaria dizer que Caetano etimologicamente esteve em Londres, mas nunca esteve na "cidade" londrina. O termo provém de *"civitate"* (do mesmo radical de civilidade, civilização, cidadão), mas a *"civitate"* latina não significava originariamente o espaço, e sim o conjunto de cidadãos que se agrupavam em determinado lugar ou estado. O espaço físico dessa aglomeração denominava-se "urbe". Depois, numa operação semântica metonímica – uma parte pela outra – o sentido de *"civitate"* se ampliou, deslocou-se do habitante para o território, e acabou relegando a segundo plano a palavra "urbe". Mas, se "urbe" hoje pouco se emprega como substantivo sinônimo de "cidade", persiste vigorosamente na modalidade adjetiva, pois "urbano" é bem mais frequente do que "citadino". Do ponto de vista etimológico, Caetano esteve na "urbe", mas não na *"civitate"*. Se recorrermos ao mais antigo dicionário monoglota da língua portuguesa, o de Antônio de Moraes e Silva, na edição de 1813 encontramos um comentário lapidar: "A Cidade por excelência se entende daquela onde estão os que falam". Portanto, apenas os que fazem soar a voz é que de fato compõem a cidade primordial. E a voz caetana, como vimos, não se integrou a esse coro londrino.

Outra é a perspectiva da questão urbana em São Paulo.

"Sampa" foi gravado em 1978, e a relação de artista com a cidade se iniciou em fins da década de 1960. Trata-se de uma rememoração, de uma experiência decantada pelo tempo. "London, London" foi escrita no calor da hora, ou, como era outono europeu, no frio da hora. Correspondeu a um *flash* ou sequência de *selfies* de Caetano ao longo de um passeio silente e solitário. Podemos considerar a canção como página

Papéis de poesia II

de um diário, enquanto "Sampa" seria página de um livro de memórias. Londres foi tratada pelo nome "oficial", London, enquanto, já numa conotação de intimidade, São Paulo sequer é referida pelo nome, mas pelo apelido: Sampa. Essa intimidade se intensifica pela relação próxima e direta com o "tu": "Quando eu te encarei", a cidade como alguém com quem a gente conversa, diferente do tratamento em terceira pessoa, distanciado, da letra londrina.

Leiamos o texto (grifos e negrito meus):

Sampa

1   Alguma coisa acontece no meu coração
Que só quando cruza a Ipiranga e a avenida São João
É que quando eu cheguei por aqui eu nada entendi
Da dura *poesia concreta* de tuas esquinas,
Da deselegância discreta de tuas meninas.
Ainda não havia para mim Rita Lee
A tua mais completa tradução,
Alguma coisa acontece no meu coração
Que só quando cruza a Ipiranga e a avenida São João

Quando eu te encarei frente a frente e não vi o meu rosto
Chamei de mau gosto o que vi, de mau gosto, mau gosto
12 É que Narciso acha feio o que não é espelho
E à mente apavora o que ainda não é mesmo velho
Nada do que não era antes quando não somos *mutantes*
E foste um difícil começo,
Afasto o que não conheço,
E quem vem de *outro sonho feliz de cidade*

Antonio Carlos Secchin

Aprende depressa a chamar-te de realidade
Porque és o *avesso do avesso do avesso do avesso*

19 Do povo oprimido nas filas, nas vilas, favelas
Da força da grana, que ergue e destrói coisas belas
Da feia fumaça que sobe apagando as estrelas
Eu vejo surgir teus *poetas de campos* e espaços
Tuas *oficinas* de florestas, teus *deuses da chuva*
Pan-Américas de Áfricas utópicas, *túmulo do samba*
Mas possível novo quilombo de *Zumbi*
E os *novos baianos* passeiam na tua garoa
26 E novos baianos te podem curtir numa boa (Disco *Muito*, 1978)

Proponho uma divisão em 3 partes, assinaladas acima: versos I a II – relação inicial com a cidade; versos 12 a 18, questionamento dessa visão inicial; verso 19 em diante, relação atual com São Paulo, ou melhor, com Sampa. É uma letra-mosaico, composta de numerosas referências e alusões à cultura paulistana em fins da década de 1960, no campo do urbanismo, da MPB, da poesia, da ficção, do teatro.

A referência é mecanismo de caráter explícito: avenidas São João e Ipiranga (o centro velho de São Paulo), a cantora e compositora Rita Lee, o mito de Narciso, a figura histórica de Zumbi dos Palmares.

A alusão, marcada em itálico na página, é velada, oblíqua: um palimpsesto, em que uma palavra contém um referente embutido para além do referente imediato dela própria. Creio que ela "funciona" melhor quando não impede a fruição do texto, atuando somente como uma suplementação de sentido, ou seja: quem a percebe tem a fruição intensificada,

108

Papéis de poesia II

mas quem não a percebe, ainda assim, não está alijado da compreensão primeira daquilo que é dito. Exemplo claro: a "dura poesia concreta de tuas esquinas", verso 4: o cimento frio da urbe, ainda assim portador de certa – dura – beleza – e, numa segunda camada, a da alusão, o movimento da poesia concreta. As alusões estão assinaladas em itálico: verso 4: a poesia concreta; verso 14: o conjunto musical Os Mutantes; verso 16: Santo Amaro ou Salvador, que corresponderiam ao sonho feliz de cidade; verso 18, "o avesso do avesso do avesso do avesso", expressão atribuída a Décio Pignatari; verso 22: poetas de campos, os irmãos Augusto e Haroldo de Campos; verso 23, o Teatro Oficina, grupo dirigido por José Celso Martinez Corrêa que, em 1967, encenou *O rei da vela*, de Oswald de Andrade; verso 23, deuses da chuva: alusão a Jorge Mautner, que, em 1962, publicou *Deus da chuva e da morte*; e provavelmente aos "Demônios da Garoa"; verso 24, três alusões: *Pan-América*, romance de José Agripino de Paula, publicado em 1967, "túmulo do samba": "São Paulo é o túmulo do samba", frase infeliz de Vinicius de Moraes, que foi cobrado a vida toda pela declaração, e peça "Arena conta Zumbi", de Augusto Boal e Gianfrancesco Guarnieri, com música de Edu Lobo, autor de "Upa, neguinho"; verso 25: Os Novos Baianos, grupo musical que surgiu em 1969.

Entrevejo ainda um rastro baudelairiano no verso 21, "da feia fumaça que sobe apagando as estrelas", pois, no poema "Paisagem", que abre os "Quadros parisienses", encontramos "os rios de carvão a galgar o firmamento".

Observe-se que as evocações de "Sampa" não são, como em "London, London", genéricas – "um grupo, um guarda, eles" –, mas marcadamente concretas e particulares.

109

Antonio Carlos Secchin

Retornemos à letra, em sua parte 1. "Alguma coisa acontece no meu coração". Tanto ou mais do que a cidade, o poeta vai falar de sua reação, refratária ou amistosa, frente a São Paulo. Vai tentar avaliar-se e entender-se através do modo como avalia a cidade. Falará desse afeto ambíguo, dessa "alguma coisa", que ele ainda não sabe bem o que é, e, para tentar descobrir, vai atravessar a avenida que liga o seu coração ao Centro, o coração da cidade, buscando uma ponte entre o coração humano e o coração urbano. Só quem admite nada ter entendido é que estará desarmado e disponível para tudo tentar entender. O caminho da compreensão de uma realidade a princípio feia, hostil, passa pela dissolução do maniqueísmo, pela relativização dos juízos condenatórios, muitas vezes taxativos e preconceituosos. Assim, a esquina é dura, mas tem poesia; as meninas exibem deselegância, mas é discreta... Aliás, li um comentário muito interessante no YouTube, a propósito de "Sampa". Escreveu alguém: "Como pode uma música falar tão mal de uma cidade e agradar tanto os moradores dessa mesma cidade? Coisa de gênio, mesmo!!!". O autor do comentário não atentou para esse contínuo jogo de contrabalanços, no qual o que parece sombrio pode trazer no bojo uma faceta luminosa, que nem sempre cintila ao primeiro olhar.

A parte 1, dos versos 1 ao 11, é a confissão do desconhecimento e da consequente recusa dessa estranha realidade urbana, marcada pela predominância de verbos no passado: cheguei, [nada] entendi, havia, encarei, [não] vi, chamei.

Na parte 2, dos versos 12 ao 18, o poeta questiona a recusa e admite que o problema pode estar não no objeto, mas no observador, não na realidade que é vista, mas no ângulo restrito pelo qual ela era captada.

Papéis de poesia II

Na parte 3, do verso 19 em diante, com os verbos no presente, surge sua relação atual e amistosa com o espaço urbano, fundamentada na aceitação antinarcísica das diferenças desse outro-cidade. É seu retorno à mesma cidade, mas que se tornou diferente pela mudança de olhar a ela dirigido. Haverá, portanto, na parte 3, a desconstrução da recusa inicial da parte 1, após essa recusa ter sido posta em xeque na parte 2.

A linha melódica de "Sampa" evoca incidentalmente a de "Ronda", de Paulo Vanzolini, em cuja letra também se faz referência à avenida São João, porém como cenário de crime passional. O notável, na canção de Caetano Veloso, é que a estrutura melódica também é tripartida: a melodia inicial da parte 1 é interrompida por outra precisamente no verso 12, assim como seu passeio pela cidade é interrompido pela reflexão. No verso 19, parte 3, ele retorna ao passeio — e a melodia também retorna à parte 1. Aparentemente, na parte 3, haverá o mesmo lugar e a mesma música, porém, já modificados ou atravessados pela estranheza que soou na parte 2.

No final da parte 1, os versos 10 e 11, "Quando eu te encarei frente a frente e não vi o meu rosto/ Chamei de mau gosto o que vi, de mau gosto, mau gosto" corresponderiam ao momento da eclosão do sintoma, do incômodo resistente face à força do real. Estabelece-se uma relação de causalidade: encarar a cidade, não ver o rosto — logo, aquilo que não me espelha necessariamente eu desqualifico como mau gosto. O problema parece situar-se lá, o mau gosto aparenta ser uma categoria externa e objetiva, estou certo disso.

Só que não.

Terei certeza? Por que, se afirmo que aquilo é mau gosto, preciso tanto insistir? "Mau gosto" por 3 vezes — quem sabe até

Antonio Carlos Secchin

para que, à custa da repetição, eu acabe me convencendo de que é verdade aquilo em que eu quero acreditar. Para tentar dissolver o incômodo, é necessário desconfiar dessa proclamação do mau gosto, essa pedreira no meio do caminho, atrapalhando a fluência de minha transa e de meu trânsito em direção à cidade. Tenho de justapor à minha convicção a pergunta: "Por que?". Se eu não investigar "Por que estou afirmando isso?", no caso, o mau gosto, permanecerei prisioneiro da versão de minha aversão, ou de meu próprio desconhecimento.

Na parte 2, o poeta desmonta o mecanismo protetor, de defesa, que consiste na desqualificação do outro para não ter que reprocessar os próprios valores, para não ter que arduamente dissolver suas autoverdades cristalizadas. Caetano formulou um "por que?" implícito, ao fim do verso 11, tanto que se segue, no verso 12, uma resposta explícita: "é que Narciso acha feio o que não é espelho". Está em negrito o verso **"e à mente apavora o que não é mesmo velho"** para enfatizar que ele corresponde ao ponto central da canção: literalmente, é o verso ou a pedra lançada no meio do caminho do texto: verso 13, de um total de 26. Momento de movimento para o segundo lado. Desafio a ser vencido na passagem, ou ultrapassagem, de uma realidade a outra, da negação à aceitação de São Paulo. E se trata de um verso sintomática e sintaticamente perverso, cuja forma, num primeiro momento, nos espanta e incomoda, uma construção pouco usual, que tenderíamos a repelir: a anteposição repentina de um objeto direto preposicionado: "à mente". De modo intuitivo nossa leitura busca a segurança da ordem convencional, em que o sujeito antecede o objeto. E, ao "corrigir" a sintaxe, caímos na armadilha e constatamos a força do que ali se diz: realmente, tudo que não é velho, logo, tudo que é novo,

Papéis de poesia II

apavora, até mesmo um objeto direto fora do lugar. A forma do verso, deslocando o objeto para o espaço previsível do sujeito gramatical, endossa a desestabilização de lugares fixos, seja no mundo referencial, seja na ordem da própria sintaxe. O apego ao que já se encontra consolidado nos leva a não querer "nada do que não era antes" – o mundo é normativamente repetitivo, a menos que tenhamos a coragem de sermos mutantes.

O poeta efetua o salto, ele, que veio lá de Santo Amaro com um pacote pronto com a receita de seu antigo sonho "feliz de cidade", de plena feli-cidade. Esse ideal paradisíaco que se abastece na origem, entendida como território idílico e sem fissuras – "oh, que saudades que tenho" –, se confronta com o doloroso aprendizado de que qualquer novo projeto de feli(z)-cidade não pode desconhecer a velo-cidade, a fero-cidade, e tantas outras "cidades" embutidas no coração da multipli-cidade.

Essa realidade indomável, em mutação, em que de uma coisa ele vê outra surgir, ocupa a parte 3, continuamente desfazendo imagens estáticas, em prol do "avesso do avesso do avesso do avesso". Mas não se trata da aceitação pacífica do "vale tudo", com simples inversão de sinal: onde era mau gosto, agora passa a ser bom gosto, porque nesse caso inexistiria uma perspectiva crítica e tampouco se sairia do lugar, apenas permaneceríamos inertes com os sinais trocados, substituindo o "não" da recusa narcísica pelo "sim" da aceitação passiva. Trata-se, ao contrário, da compreensão da tensa coexistência das contradições inerentes à dinâmica da vida. Exemplos: o dinheiro, capaz de gerar e destruir beleza; a fumaça, que compete com as estrelas, mas não consegue bloquear o brilho que emana dos poetas, mesmo no espaço da escuridão; a oficina, com a força de forjar uma floresta, ainda que artificial; a negritude, que, se de um lado se associa a túmulo do samba, de outro tem potência para trazer à tona a utopia libertária de Zumbi; e o poeta, que, sendo antigo, se apresenta, no fim do texto, como um novo baiano, porque conseguiu modificar-se, a ponto de se tornar outro baiano.

Sabiamente, ele aprendeu que, se Narciso desviar-se da projeção obsessiva de seu próprio rosto, aí então, dentro de um espelho acolhedor e vazio, pode caber uma cidade inteira.

À beira do poema

Disponho, com afetuosas dedicatórias, de todos os livros de Donizete Galvão, do inaugural *Azul navalha* (1988) ao derradeiro *O homem inacabado* (2010). Constato, nos títulos, a frequência com que um nome neutro ou positivo é logo assediado por outro que o turva: assim, o "azul" é "navalha", o "mundo" é "mudo", o "homem", "inacabado". Agora, eis-nos diante de um "pássaro", mas que se inscreve "anti". É desse universo de perdas & danos que a poesia de Donizete sempre se abeira. Não fosse ele nascido em Borda da Mata, Minas Gerais. E que melhor lugar para o poeta surgir senão à Borda? À borda do silêncio e da fala, na tensão entre a página branca e a proferição da palavra que irá no mesmo gesto profaná-la e dar-lhe vida.

Percorri as obras anteriores antes de pegar carona no voo deste novo antipássaro. Relendo-me leitor de Donizete, surpreendi-me, na marginália grafada a lápis, com o elevado número de poemas que destaquei. Em *Ruminações* (1999), por exemplo, registrei uma inflexão em sua obra, com textos que acentuavam um pendor narrativo de tonalidade ironicamente alegórica ("Escoiceados"). Assinalei um processo de desmetaforização ("Miolo"), pelo qual o poeta urde e elimina uma teia de comparações até chegar a substantivos despidos de todas as conotações anteriores.

Sua poesia já foi, com justiça, realçada por alguns de nossos mais abalizados críticos: Alfredo Bosi, Carlos Felipe Moisés, Sérgio Alcides, Régis Bonvicino, Reynaldo Damazio. Ivone Daré Rabello escreveu atilado posfácio a *Mundo mudo* (2003), extenso e consistente ensaio que examina com pertinência questões centrais da produção do poeta.

***

Em *O antipássaro*, a poesia de Donizete prossegue marcadamente substantiva: tal categoria gramatical comparece em 27 títulos, complementada por 2 títulos adjetivos e 2 outros de natureza verbal. Permanece, igualmente, urbana, abrigando cones de trânsito, guindastes, caçambas a recolherem detritos de matéria tida como "não poética". Na celebração daquilo que é descartado ou expelido, sobressai, em "O mijão", um contraponto ao urinol/fonte de Duchamp, pois, em Donizete, o mictório é a cidade inteira.

Assim como um "pássaro" nos promete a altitude, um "anti" nos acena com as profundezas. Um voo para baixo. E o livro cumpre o que sinaliza.

Que melhor símbolo para o "antipássaro" do que uma ave às avessas, pois sequer é ave, um morcego, denominado, no quarto dos 31 poemas da coletânea, de "rato, pássaro falhado"? Ou, então, os seres interrompidos que comparecem em "A falha" ("Os ovos/ goram/ no ninho/ os bicos/ não furam/ a casca")? Sem olvidar o ser inconcluso de "Ninho": "arfa um pássaro intocado:/ – feto com asas –".

Papéis de poesia II

Os desdobramentos da imagem desconstruída do pássaro atravessam toda a obra. Já no texto inicial, "Mesa de bar", o poeta atribui, para si e seus amigos, passageiros de táxi, de cerveja em cerveja, a condição de "pássaros bêbados", incapazes de voar. Outras aves que tampouco erguem voo são as gruas, metaforizadas como "Pássaros urbanos". E, literalmente no centro da obra – pois se trata do décimo sexto poema –, deparamo--nos com "Harpia", "pássara que pousou na minha vidraça", de natureza predadora; ser com cabeça de mulher e corpo de pássaro; portanto, outra vez, ave parcial ou falhada.

Não há espaço para a esperança: "Melancolia/ e devaneio/ ocupam-me/ o dia inteiro". Um viés de desalento timbra "a cidade/ opaca/ mulher/ em cinzas" e seu anônimo habitante: "O cansaço chegou./ O manto de chumbo/ lhe tolherá os braços". A ironia, ou autoironia, é prática para suportar o peso da imensidão do vazio: "São Paulo é muito grande./ Eu sou muito pequeno". O retrato social, nunca panfletário, de atividades profissionais pouco "nobres" flagra a multidão de "Invisíveis": "Onde estão?/ Que poemas habitam?", contrapostos ao destino de "Os eleitos": "temos sorte/ não somos gado de corte".

Esparsamente pulsam inflexões líricas, a exemplo do belo "Não sabe": "O amor que não sabe morrer/ persiste no olhar do cão/ abandonado que, ao menor gesto,/ abana o rabo" e das desesperançadas reflexões de "A queda": "Como são longas/ as noites dos velhos./ Como os acontecimentos/ mortos reaparecem/ com seiva e sangue".

A vertente metalinguística comporta tanto o repúdio à oratória inflada e oca, patente em "A declamatriz" – "Seu poema alado,/ declamado/ com ênfase [...] a mim é indigesto" – quanto a confissão da inalcançabilidade da poesia, em "Língua-mãe":

por mais que se tente
nunca chega a revelar-se
por mais que se tente
ninguém chega perto de ti
      poesia

A propósito da questão, certa feita observei que a poesia é diáfana, o poema é carnal. O poema é a cicatriz, a marca verbal da poesia que, num frêmito, passou por lá, incapturável. É para esse sentido, a meu ver, que também apontam os versos de Donizete, neste póstumo e denso *O antipássaro*. E me seja permitido, à guisa de conclusão e homenagem, reproduzir o poema "O espelho de Donizete", que dediquei ao amigo e ao grande poeta, na coletânea *Outras ruminações*, de 2014, dialogando com seus magníficos versos de "Irmão inventado", de *Azul navalha* ("Quem me lê é quem me cria./ Espalho cacos de um espelho./ Minha face por inteiro não verei./ Veja você por mim qualquer dia"):

O espelho de Donizete

Em nenhum espelho
ficou impressa tua face.
Mas na tua poesia
uma força feroz se demonstra,
revivendo a rosa fria
que não se entrega à morte
nem se rende à ventania.
Os cacos da voz dispersos
no jorro de tua poesia

Papéis de poesia II

me tornam teu irmão urgente
numa saudade tardia
que pode ser inconstante,
mas jamais será fugidia.
Contra a treva da noite opaca
sinto a luz que prenuncia
teus versos me precipitando
no difícil coração da alegria.

O poema e a circunstância

O poema de circunstância tende a ser considerado uma espécie de primo pobre no campo da poesia.

Afinal, todo poema é de circunstância, algo acontece, uma circunstância qualquer, que leva à criação do texto. Mas aí seria uma circunstância – que permanece externa – como fonte de inspiração: um amor que acaba ou começa, uma associação súbita de palavras.

Nesse chamado "poema de circunstância" ela é interna, é o próprio tema do texto. E que temas são mais recorrentes? O ponto comum a esses poemas tende a ser a atitude de celebração – uma data aniversária, um encontro de amigos, uma refeição compartilhada, o lançamento de um livro, um *vernissage* – eventos em geral sob o signo da confraternização, da alegria. Por isso, pode haver poema de circunstância sobre um nascimento, mas com bem menos frequência sobre a morte.

Outra característica é que esse subgênero poético se submete ao crivo da realidade, ou seja, se reporta a pessoas e eventos reais, enquanto o eu, o tu e o ele dos demais poemas podem ser totalmente fictícios.

Antonio Carlos Secchin

Querem expressar o momento real de um fato concreto. Há exemplo de poema de circunstância em que o autor saudava um amigo numa edição, e elimina o texto na seguinte, devido a desavenças. É bem mais raro um autor eliminar poema porque brigou com um personagem, porque nesse caso a cena é imaginária, sem o peso maciço da realidade externa, com suas brigas, afetos, suscetibilidades e reconciliações.

No Brasil, ao menos dois grandes poetas publicaram livros inteiramente compostos com poemas de circunstância: Manuel Bandeira, com *Mafuá do malungo*, 1ª edição de 1948, e Carlos Drummond de Andrade, com *Viola de bolso*, 1ª edição de 1952.

A primeira edição de Bandeira saiu numa tiragem de apenas 110 exemplares, feita em Barcelona por seu primo João Cabral de Melo Neto, em papel de linho. "Mafuá", segundo Bandeira, significa feira, festa popular; "malungo" quer dizer camarada, companheiro. Bandeira explicitamente acrescenta como subtítulo "versos de circunstância". Num exemplar, há dedicatória a um companheiro de geração: Prudente de Moraes, neto: "Malungo Manuel envia/ Isto ao malungo Prudente./ É bem mofina a poesia, mas que papel excelente!". Descontração, leveza e humor são traços dessa poesia. Escreveu um poema-dedicatória de circunstância num livro cheio deles. E tanto isso é verdade que tal poema aparece impresso na segunda edição, ampliada, do livro, de 1954.

Também a obra de Drummond, de 1952, surge encorpada, na segunda edição de 1955: em vez de chamá-la "ampliada", ele a denomina *Viola de bolso, novamente encordoada*. De 22 poemas originais passamos agora a 90; não se compartimentavam em 1952, e em 1955 se distribuem em sete seções, entre elas "Dedicatórias" e "Boas festas".

Papéis de poesia II

Interessante notar como, num universo comum de amizades e homenagens, o temperamento dos dois poetas já se revela na escolha dos títulos: em Bandeira, a festa, a música pública: o mafuá. Em Drummond, uma viola íntima, de bolso.

Independentemente das diferenças de temperamento, há um risco de impasse que pode comprometer a poesia de circunstância: ela, que na origem foi, idealmente, de compreensão claríssima para o homenageado e seus amigos, com o tempo tende a se tornar obscura ou incompreensível. Quando a realidade que a abasteceu não for suficientemente explicitada, o leitor pode sentir-se sozinho no escuro, qual bicho do mato.

Falo por minha própria experiência na área, reunida numa plaquete de 2017, com 18 poemas, ambiguamente intitulada *Cantar amigo* ("cantar" substantivo e verbo ao mesmo tempo).

Qual o contexto do livrinho? Passei quinze anos sem publicar livro de poemas, praticamente sem escrever poemas no formato convencional. A tendência para o poético se manifestava em mim por outras vias: no ensaio, em que sempre, com sucesso ou não, tento imprimir um ritmo característico do poema; e em poemas de circunstância, mais de uma centena, quase todos perdidos ou preservados em dedicatórias. De alguns desses textos, entretanto, guardei cópia, e a partir disso pude compor o *Cantar*.

Observo que, de algum modo, reforcei o preconceito de que se trataria de "poesia menor", pois não incorporei o livro à minha obra poética reunida em *Desdizer*. Ambas as publicações, aliás, foram lançadas no mesmo dia, e *Cantar amigo* foi um brinde aos amigos que compareceram ao evento. Também serviu de álibi contra algumas críticas: se integrasse *Desdizer*, diriam que, depois de quinze anos de silêncio, precisei recorrer a textos de circunstância para avolumar a publicação.

123

Antonio Carlos Secchin

Dividi o livrinho em três seções, cujos títulos são autoexplicativos: "Em torno do tempo", "Em torno das letras", "Em torno da mesa", cada qual com 6 poemas. E optei por preencher, quando necessário, a lacuna que percebi em obras da mesma natureza: a contextualização do poema. Não queria que a sua compreensão ficasse restrita a mim e aos homenageados. Daí serem poemas com nota de pé de página, para que o leitor pudesse também entrar na festa. Constatei que, de certo modo, esses textos podem funcionar como interessante laboratório para a escrita de poesia, pois procurei desenvolver esses poemas de circunstância com o mesmo cuidado técnico que busco imprimir em qualquer outra espécie de poema, na busca de uma imagem original, de um ritmo expressivo, de uma rima inesperada. Foi neste, e não no outro livro, que, por exemplo, consegui rimar "Goethe", "táxi" e "Espíndola".

Apresento então e contextualizo alguns desses poemas.

"Louvação a Evaristo" — homenagem ao jurista Evaristo de Moraes, meu confrade na ABL, no dia em que comemorou 90 anos. Era grande especialista em Kant, em Goethe, e estudioso de Tobias Barreto, Alceu Amoroso Lima e Sílvio Romero.

Num estilo que é todo seu,
Elimina o lero-lero,
Seja falando de Alceu,
De Tobias ou Romero.

Não há matéria que o assuste,
É mais ágil que um foguete.
Passeia à sombra de Proust,
Conhece tudo de Goethe.

Papéis de poesia II

Pessoa interpares prima,
Mestre por todos benquisto,
Merece o louvor da rima
O nosso amigo Evaristo.

Saber tão fino e preclaro,
Como hoje não se vê mais,
Só havereis de encontrá-lo em
Evaristo de Moraes.

Novent'anos de nossa fé
Neste ser de raro brilho: o
Grande brasileiro que é E-
Varisto de Moraes Filho.

5 de julho de 2004

"A Gaia, Eliza e João". João Fagerlande foi meu orientando,
com uma bela tese sobre "Caso do vestido", de Drummond.
Marido de Elisa Morenno. Gaia é a filha que nasceria muito
em breve. O poema começa parodiando o "Caso do vestido",
em que filhas dirigem uma pergunta à mãe: "Nossa mãe, o que
é aquele/ vestido, naquele prego?".

Nossa mãe, que ruído é esse
Que vai vencendo o frio e a ventania?
Minhas filhas, é o passo de um moço
Que traz na voz o calor da poesia.
Ao lado dele vejo uma menina
Em cujo ventre brota uma semente

Que tratará de espalhar a alegria
Trazendo alento e luz a toda gente.
Bem sei que o mundo é grande e é pequeno,
Pois nele cabe, num só coração,
Gaia poesia de Eliza Morenno
Multiplicada pelo amor de João.

Rio de Janeiro, 27 de junho de 2017

Em 2011, quando me aposentava na UFRJ, fui eleito patrono da turma. Em vez de fazer o discurso em prosa, optei, para certa surpresa de meus alunos, por fazê-lo em verso, na "Canção para a turma de 2011":

Aos alunos tão queridos
Que seguiram dia a dia
Os caminhos percorridos
Sempre em busca da poesia,

Só posso deixar um adeus,
Pleno, porém, de alegria,
Pois a palavra que vale
Não é a de quem renuncia:

Ela é de todo mundo,
João, José ou Maria,
Que acredita nessa força
Com que a vida principia:

Força de qualquer palavra,
Que no escuro é nosso guia,

Papéis de poesia II

Palavra que contra a treva
Se incendeia e te alumia.

Que seja a literatura
A descoberta sem fim
De tudo que sutilmente
Não é o não, nem é o sim.

Ensinar é descobrir
Que tudo guarda um mistério,
Bom professor é astronauta
No alto astral do magistério.

O patrono é quem protege,
Mas quero vocês na luta,
Mesmo que não seja fácil
Encontrar quem nos escuta.

Agora aos novos colegas
Eu dedico esta canção,
Que traz seus nomes gravados:
Letras em meu coração.

Rio de Janeiro, 7 de abril de 2012

Em 2013, estive num encontro em Ipanema na casa do poeta Adriano Espíndola, cearense como a esposa Moema, cuja culinária de frutos do mar é famosa. O texto "Num almoço" contém referência ao romance *Iracema*, de José de Alencar, no qual a indígena, que domina o segredo do alucinógeno chá de jurema, conquista o português Martim. Há, ainda, alusão a dos livros de Adriano, livros, *Táxi* e *Metrô*.

Saudemos Adriano Espíndola,
Que, vindo lá
Do Ceará, oferta à mesa
Misturas de mar e gentileza,
De um jeito que aqui não há.

Iracema renasce em Ipanema:
Se Martim se encantou
Com o segredo da jurema,
Adriano não faz segredo
Dos encantos de Moema.

Passageiros do metrô ou do táxi,
Lembremo-nos de que há que se
Cantar a claridade da poesia:
Celebremos sob o sol deste dia
A luz da amizade e da alegria.

Ipanema, 14 de dezembro de 2013

Para concluir, um poema de 2014, relativo a "Um jantar em Lisboa". Compareceram o jornalista João Pereira Coutinho, que escreve para a *Folha de S. Paulo*, o casal Ana e Jorge Reis-Sá, ele editor e ficcionista, e o casal Ecléa e Alfredo Bosi, acompanhado da filha, a professora Viviana Bosi. Encerro com este texto, numa homenagem a Bosi, cuja amizade foi uma ventura com que a vida me presenteou, nas Letras e fora delas.

Papéis de poesia II

Vinte e sete de setembro
Neste Solar dos Presuntos:
Bela festa da amizade,
É dádiva estarmos juntos.

Se o vinho traz a verdade,
Primeiro me vem à ideia
Erguer com felicidade
Um brinde à querida Ecléa.

Respeitando o protocolo
Na sequência deste enredo,
Levantemos nossa taça
Na celebração de Alfredo.

Não é possível esquecer
Cá na terra lusitana
Brilho e beleza que vêm
Da doce figura de Ana.

Mas retornando ao Brasil
O coração mais se ufana,
Porque além de Alfredo e Ecléa
Eis aqui também Viviana.

Ponte Brasil-Portugal:
Quem há de abrir bom caminho?
O Pedro Álvares Cabral
E João Pereira Coutinho.

É uma inconteste verdade
Que melhor editor não há:
Vivas e braços erguidos
A nosso Jorge Reis-Sá.

Então, sabendo que em verso
Deve uma história ter fim,

Antonio Carlos Secchin

Assina embaixo de tudo
Vosso escrevente Secchin.

Lisboa, 27 de setembro de 2014

Uma tradução de "Mattina", de Ungaretti

Os leitores e tradutores de poesia italiana muito provavelmente já se defrontaram com "Mattina" ("Manhã"), poema lapidar de Giuseppe Ungaretti:

M'illumino
d'immenso.[1]

Sua aparente simplicidade esconde, todavia, um problema considerado insolúvel para a tradução em língua portuguesa: o fato, assinalado por vários estudiosos, de o verbo original soar proparoxítono – "illUmino" –, diverso do paroxítono vernáculo "ilumIno".

O texto italiano comporta dois versos de duas sílabas métricas (assim considerados porque é na sílaba 2 que incide a tonicidade),

---

1 Mattina, em: WATAGHIN, Lucia (Org.), CAMPOS, Haroldo de, BERNARDINI, Aurora F. (Trad.). *Ungaretti. Daquela estrela à outra*. São Paulo; Ateliê Editorial, 2003, p.56.

seguidas, no verso 1, de duas átonas ("-mino"), e, no seguinte, de uma ("-so").

Numa tradução literal, teríamos:

Me ilumino
de imenso.

Tudo certo quanto ao segundo verso, mas no primeiro há um deslocamento da tonicidade para a sílaba 3, gerando sensível prejuízo rítmico pela supressão da simetria com o verso seguinte, acentuado (nas duas línguas) na sílaba 2. "Ilumino--me" tampouco resolveria o impasse.

Uma engenhosa solução foi proposta por Haroldo de Campos:[2]

Deslumbro-me
de imenso.

O tradutor conseguiu restaurar a tonicidade da segunda sílaba do verso inicial, consoante a matriz de Ungaretti: "illUmino"/ "DeslUmbro", com a vantagem suplementar de escolher um verbo que mantém a vogal tônica, /u/, presente no texto italiano – ao custo, porém, de uma forte alteração semântica, na troca de "iluminar" por "deslumbrar".[3] A afirmação explícita de deslumbramento frente ao dia não é informação contida no poema original. Ademais, o iluminar é ação de fora para dentro,

---

2 Id., ibid., p.57.

3 Geraldo Holanda Cavalcanti, entre outras observações, contrapõe a "epifania", no poema de Ungaretti, ao "deslumbramento", na tradução de Campos, em: UNGARETTI, Giuseppe. *Poemas*. CAVALCANTI, Geraldo Holanda (Sel., Trad. e Notas). São Paulo: Edusp, 2017, p.263.

Papéis de poesia II

o poeta se deixa iluminar pela manhã, enquanto o deslumbrar--se é reação de dentro para fora, diante da manhã.

Busquei uma alternativa que unisse a fidelidade ao pensamento de Ungaretti às características melódicas e rítmicas com que ele foi expresso. Para tal, optei pela inversão dos versos da sequência italiana. Tive de trair o poema de origem nesse aspecto para tentar ser-lhe fiel em outros, no plano da forma:

De imenso me i-
-lumino.

Vejamos. Em Ungaretti ("M'illumino"), conforme já dito, encadeiam-se uma sílaba átona, a tônica e duas outras átonas. Na tradução ("De imenso me i-"), ocorre disposição similar, com o adendo de o atributo da amplitude replicar-se na duração mais longa da vogal /i/, expandida nas crases que abrem e fecham o verso: "De i"; "me i-". Para falar de algo imenso, prolongam-se também as vogais. Com isso, o fecho do poema em português ("-lumino") passa a preservar uma rigorosa identidade rítmica com o epílogo italiano ("d'immenso"): nos dois casos, os versos se constituem de três sílabas, numa sucessão de átona, tônica e átona. Ambos igualmente dispõem da consoante /m/ no início da sílaba forte.

Essas considerações objetivaram demonstrar que a grande poesia, mesmo condensada em pequeno poema, demanda um trabalho inesgotável para o tradutor, perpetuamente lançado ao desafio de recriar em outro idioma a química indissolúvel de som e sentido que deu vida ao texto original.

A rainha Sophia

A primeira Sophia a gente nunca esquece: a minha apresentou-se em 1967, quando, aos 15 anos, tive oportunidade de conhecer meia dúzia de seus poemas na antologia *Poetas portugueses modernos*, organizada por João Alves das Neves. Desde então, jamais esqueci versos como "Aqui, deposta enfim a minha imagem,/ Tudo o que é jogo e tudo o que é passagem,/ No interior das coisas canto nua". Anotava o organizador: "A sua poesia é de uma excepcional pureza lírica [...] Autora de um ensaio sobre Cecília Meireles, com quem alguns podem compará-la".

De fato: a força de sua poesia se ombreia com a de Cecília, e a presença constante da Natureza, em ambas as grandes escritoras, reforçaria tal parentesco. Poderíamos, talvez, matizar a aproximação, salientando que a poeta brasileira, não obstante declarar-se uma "pastora de nuvens", frequentava um mundo especialmente vegetal e animal, enquanto a portuguesa valoriza sobremodo a natureza mineral, patente nas águas que seus versos, desde sempre, percorreram, a partir do *Dia do mar* (1947) até *As ilhas* (1989), atravessando de permeio *As navegações* (1983).

Estreando com *Poesia,* de 1944, nada menos do que sessenta anos foram necessários para que uma expressiva seleta de sua obra desembarcasse no Brasil: os *Poemas escolhidos,* a cargo de Vilma Arêas, de 2004. A esse título une-se agora *Coral e outros poemas,* com a competente seleção e apresentação de Eucanaã Ferraz. Num acurado estudo introdutório, "Breve percurso rente ao mar", ele situa com clareza as linhas principais da produção de Sophia, tanto no que diz respeito a constantes temáticas, quanto no que toca a recursos de construção.

Cecília Meireles também foi "marinheira", em *Viagem* e *Mar absoluto.* O mar de Sophia, porém, é *relativo:* relativo à História, aos personagens que a produzem e a sofrem; não é tributário de ideais de assepsia que sobrepairassem acima das aventuras (e desventuras) da contingência humana. Num texto-homenagem a João Cabral, ela escreve que a palavra faca "aparece/ Azul e afiada/ No gume do poema/ Atravessando a história". Reciprocamente, o autor pernambucano, bem parcimonioso no elogio a poetas contemporâneos, saudou-a num poema em que se refere ao sol, ao cristal e à luz marinha que cintila em sua obra.

Além de Cabral e de escritores portugueses (Camões, Cesário Verde, Fernando Pessoa, Jorge de Sena), vários poetas brasileiros encontram afetuosa guarida nos versos de Sophia: Manuel Bandeira, Jorge de Lima, Cecília Meireles, Murilo Mendes. Seu arco de referências engloba tanto os mundos helênico e latino (Homero e Horácio) quanto o caldeirão político do século XX, quando se alinha às vozes libertárias e anticolonialistas — leia-se o poema "25 de abril", em louvor à Revolução dos Cravos, de 1974: "Esta é a madrugada que eu esperava/ O dia inicial inteiro e limpo/ Onde emergimos da noite e do silêncio". Leia-se, no mesmo diapasão, "Brasil 77": "Brasil espaço

Papéis de poesia II

e lonjura/ Em nossa recordação/ Mas ao Brasil que tortura/ Só podemos dizer não". Não por acaso, a cidadã Sophia foi eleita deputada pelo Partido Socialista na Assembleia Nacional Constituinte, em 1975. Ao lado da pátria portuguesa, não convém, todavia, esquecer a vocação nômade de um discurso que se projeta em dimensão ao mesmo tempo fugaz e universalista: "A minha pátria é onde o vento passa".

Conforme salientou o prefaciador, é notável a inteireza e a integridade de seu projeto poético. Integridade, diríamos, elástica, na absorção de temas eventualmente estranhos entre si, mas que convivem numa harmonia de largo espectro, onde até algumas cidades obtêm acesso na pauta dessa escritora escassamente urbana.

Os 14 livros representados na coletânea fazem ecoar a mesma enunciação despojada que perscruta o interior da matéria, não para comprazer-se na escuridão, mas para trazê-lo do fundo e submetê-lo ao crivo de uma realidade tecida de inteligibilidade e mistério. Ao saudar, mais uma vez, João Cabral, ela parece falar de si, através de uma espécie de "alma sósia" que confere ao outro: "Pois é poeta que traz/ À tona o que era latente/ Poeta que desoculta/ A voz do poema imanente". Todavia, tanto nele, João, quanto nela, Sophia, a escritora intui que "Algo às vezes se alucina". Sim, porque a excessiva serenidade clássica poderia implicar um mundo controlado, cujo pleno domínio culminasse em pastiches de um parnaso sem riscos. Ao contrário, a inquietação viceja, mesmo em mimosas paisagens: "Mas por mais bela que seja cada coisa/ Tem um monstro em si suspenso". Dê-se ao "monstro" o nome que se queira: tempo, erosão, morte, esquecimento, dissipação. Horas pretéritas, com o destino "na amargura/ De serem perfeitas e de serem breves".

Sophia de Mello Breyner Andresen foi poeta, tradutora, ensaísta, ficcionista, dramaturga. A excepcional qualidade de sua obra fez com que, em 1999, ela se tornasse a primeira escritora portuguesa a ganhar o Prêmio Camões. No ano de 2003, intitulava-se "Rainha Sofia", numa deliciosa e involuntária homenagem à majestade de sua poesia, o importante prêmio com que foi contemplada. Outras láureas marcaram-lhe a trajetória, com direito, inclusive, a uma consagração póstuma. No poema "Inscrição" formulara um desejo: "Quando eu morrer voltarei para buscar/ Os instantes que não vivi junto do mar". Porém Sophia, que faleceu, aos 84 anos, em 2004, não se abrigou no mar, e sim sob o mármore, no Panteão Nacional, onde, desde 2014, seu corpo repousa, para honra e glória da poesia em língua portuguesa.

Quatro discursos

Ferreira Gullar, doutor
honoris causa pela UFRJ

Hoje, 15 de outubro de 2010, não é apenas o dia do Mestre. É o dia do Doutor.

Ao outorgar o título de doutor *honoris causa* ao escritor Ferreira Gullar, acatando proposta do Setor de Literatura Brasileira do Departamento de Letras Vernáculas da Faculdade de Letras, a UFRJ renova seu compromisso com a excelência literária.

Recordemo-nos de que, há exatos vinte anos, nossa Universidade atribuía o mesmo título a outro grande poeta: João Cabral de Melo Neto. Curiosas afinidades envolvem os dois autores: ambos poetas nascidos no Nordeste, ambos na juventude migrantes para o Rio de Janeiro, ambos consagrados pela temática (não exclusiva) social, ambos perseguidos por suas convicções políticas. Ambos publicados em vida pela prestigiosa editora Aguilar, ambos ganhadores do maior prêmio literário da língua portuguesa, o Camões. Ambos doutores pela UFRJ e amigos desta Casa. Diante de tantas coincidências, e parodiando o velho Marx, podemos dizer que, no caso, a História se repete — como força.

Antonio Carlos Secchin

A força, sem dúvida, é um atributo de Ferreira Gullar. Não apenas a força literária, de que falaremos em breve, mas também a força cívica, no exemplo destemido de alguém que não se exime, a todo momento, de se expor e se arriscar, ainda que isso desagrade ao pensamento opressor e hegemônico contra o qual Gullar ergue sua voz, desde a década de 1960.

Convém recordar que o golpe militar de 31 de março de 1964 atingiria profundamente o poeta. No dia seguinte, a sede da União Nacional dos Estudantes foi invadida e incendiada, e queimou-se a edição de seu livro *Cultura posta em questão*. Pouco depois, ele foi um dos fundadores do grupo teatral Opinião, uma espécie de fortaleza do pensamento de oposição à ditadura. Até 1968, dedicou-se intensamente ao teatro, produzindo textos em coautoria e de forte impregnação social. Com o aumento da opressão do regime militar, em especial através da promulgação de ato institucional que sufocou de vez o Parlamento e as oposições, Ferreira Gullar foi preso pela primeira vez. Em 1970, para não ser novamente encarcerado, passou à clandestinidade, escondendo-se em casas de amigos pelo período de dez meses. Conseguiu fugir para Moscou, onde se exilou por quase dois anos. A seguir esteve no Chile, até a queda de Salvador Allende. Morou também no Peru e, finalmente, na Argentina, última etapa da sua peregrinação.

Não suportando mais o exílio, retornou ao Brasil em março de 1977, sendo imediatamente preso pelo Departamento de Ordem Política e Social. Sofreu ameaças e foi interrogado durante 72 horas ininterruptas.

Em 1991, morreu tragicamente seu filho Marcos. Dois anos depois faleceu a esposa Thereza, companheira desde 1954. Tanto infortúnio foi contrabalançado quando, em 1994,

Papéis de poesia II

conheceu a segunda mulher, a poeta Cláudia Ahimsa, que reacendeu no poeta a vibração pela vida.

Se ele já disse que há muitas cidades numa cidade, sabemos todos que há muitos Gullares em Gullar. Plural não apenas pela diversidade de sua prática literária – multiplicada entre a poesia, a ficção, a dramaturgia, o ensaísmo, a crônica, o memorialismo, a crítica literária, a crítica de arte, a tradução – mas plural na diversidade e na reformulação constantes na prática de cada desses discursos.

Na impossibilidade de percorrer todos os títulos de sua vasta bibliografia, que ultrapassa o montante de cinquenta publicações, vou referir-me brevemente a alguns de seus livros de poemas.

A luta corporal, de 1954, é importante pelo que contém e pelo que prenuncia, em especial, algumas raízes da vanguarda concretista. Suas seis seções revelam sucessivas desaprendizagens de um "poético" já codificado em prol de uma aventura em domínios menos confortáveis ou estabelecidos da linguagem. Não bastava a Gullar distanciar-se da realidade que o circundava; ele desejava, no mesmo passo, afastar-se das formas convencionais de representação dessa realidade. A desesperada tentativa de dizer o indizível acabaria por explodir vocabulário e sintaxe, levando o texto à fronteira do incomunicável ou do silêncio absoluto.

Nas obras subsequentes, o grande desafio seria retomar a trilha da palavra transitiva, sem subtrair-lhe o poder de invenção.

Em *Dentro da noite veloz*, de 1975, o veio lírico-existencial, presente em alguns poemas de *A luta corporal* e como que abafado no período de engajamento ostensivo da década de 1960,

143

Antonio Carlos Secchin

volta a manifestar-se em várias ocasiões. Importa assinalar que em Gullar o lirismo não é o oposto do político, pois, a rigor, o poeta jamais dele se demite; o lirismo é, antes, sua face matizada, em que as grandes causas universais do discurso engajado se transmudam nas pequenas causas individuais, numa espécie de política do cotidiano, em que o sujeito se defronta com a própria solidão. Cito:

A noite se ergue comercial
nas constelações da avenida.
Sem qualquer esperança
continuo
e meu coração vai repetindo teu nome
abafado pelo barulho dos motores
solto ao fumo da gasolina queimada. ("Pela rua")

É da "suja luz" da vida que emana a seiva do *Poema sujo*, de 1976, longo texto que, na edição original, se espraia sem interrupção por 93 páginas. Vertiginoso depoimento de um artista prestando contas a si mesmo e a seu tempo, nele se concentra, em dimensão superlativa, o melhor da poesia de Gullar. Do ponto de vista formal, a inventividade metafórica num estágio torrencial, a variedade rítmica, a sábia mescla lexical entre os estilos elevado e vulgar, os cortes cinematográficos, a magia sonora das aliterações e das onomatopeias, as voluntárias inserções do "prosaico" como controle do sublimemente "poético"... Do ponto de vista semântico, a motivação inicial do poema foi o desejo do poeta, então no exílio em Buenos Aires, de criar um texto visceral e radical a partir da reconstituição de sua infância em São Luís e que atravessasse, com a explosiva ausência de

Papéis de poesia II

"lógica" da poesia, toda a experiência de sua vida. O impacto do livro foi de tal natureza que levou um de nossos maiores críticos, Otto Maria Carpeaux, a declarar que a obra deveria chamar-se "Poema Nacional, porque encarna todas as experiências, vitórias, derrotas e esperanças do homem brasileiro".

Muitas vozes, de 1999, foi ganhador de alguns dos principais prêmios literários do país. Além de abrigar uma persistente indagação sobre a morte, a obra revela o poeta com uma dicção cada vez mais despojada, na tensa e tênue fronteira entre a prosa e poesia, numa fala porosa à invasão de outras falas:

> Toda coisa tem peso:
> uma noite em seu centro.
> O poema é uma coisa
> que não tem nada dentro,
>
> a não ser o ressoar
> de uma imprecisa voz
> que não quer se apagar
> — essa voz somos nós. ("Não-coisa")

No seu mais recente livro, o recém-lançado *Em alguma parte alguma*, Gullar, conforme escrevi no prólogo da obra, incide numa "poesia meditativa, sim, cuja alta reflexão não elide, antes convoca, a ostensividade da matéria, em todas as suas dimensões. Versos banhados em luz (em especial, a das manhãs maranhenses), atravessados pelos ruídos de risos e chilreios, abastecidos no sabor de peras e bananas, aconchegados na epiderme feminina, embriagados pelo odor dos jasmins — em nossa poesia, Gullar é quem mais se destaca numa linhagem que erotiza o corpo do mundo, sem hierarquia entre manifestações menos ou mais 'nobres'.

"Não se pense, porém, que tal procedimento conduza a uma visão meramente celebratória da existência. Zonas de sombra infiltram estranhezas e abrem campo para uma espécie de contravoz. Se Gullar pensa também com o corpo, pois dele provém, no contato com os outros, a fonte da alegria, é igualmente na matéria que se inscreve a inquietação da finitude. [...] Subjaz nessa poesia de buscas e interlocuções uma nota subterrânea e renitente de que o homem é condenado à sua arbitrária individualidade e só lhe resta inventar — por exemplo, na arte — outras ordenações (ou desordenações) do mundo, em que a morte seja vencida, os encontros sejam possíveis, e as coisas, enfim, ganhem sentido".

É injusto para com Ferreira Gullar limitarmo-nos como fizemos, pela premência do tempo, à sua trajetória poética, embora seja esta a sua face mais consagrada, inclusive no plano internacional; basta lembrar que seus livros de poemas foram traduzidos e publicados na Alemanha, na Argentina, em Cuba, no Equador, nos Estados Unidos, na França, no México, no Peru, na Suécia e na Venezuela. "Por você por mim" foi traduzido para o vietnamês e distribuído entre os guerrilheiros. Mas, além do poeta, convivem em Gullar, como dissemos, o ensaísta, o tradutor, o memorialista, o dramaturgo e o ficcionista.

Ao longo do tempo, para nossa honra e alegria, mesmo envolvido por numerosas solicitações, o poeta nunca deixou de atender aos convites da UFRJ. Além de várias palestras, aqui proferiu uma aula magna na abertura de ano letivo. À Faculdade de Letras confiou um livro inédito, *Escrito de um habitante do planeta*. Desejo, de público, agradecer a quem, no âmbito da

Papéis de poesia II

Universidade, possibilitou esta homenagem de que, por todos os motivos, Ferreira Gullar é inteiramente merecedor. À professora Maria Eugenia Lamoglia Duarte, chefe do Departamento de Vernáculas, que reavivou o processo que jazia em meandros quase imperscrutáveis da burocracia; ao professor Auto Lyra, pelo parecer favorável na Congregação da Faculdade; à diretora da Faculdade, professora Eleonora Ziller, pelo entusiasmo e empenho no encaminhamento do processo; ao reitor, prof. Aluísio Teixeira, por ter viabilizado a concessão do título ainda a tempo das comemorações do octogésimo aniversário do poeta; a meus colegas e todos os meus alunos, pelas conversas que travamos em torno desse grande nome da poesia brasileira.

Caro amigo Ferreira Gullar: num dos mais saborosos poemas de *Muitas vozes*, você narra a história de uma visita que seu pai, Newton Ferreira, fez ao Rio de Janeiro. Recebendo óculos novos, tratou de guardar a nota, como comprovação da viagem. Cito o trecho final: "examinou o estojo com/ o nome da loja dobrou/ a nota de compra guardou-a/ no bolso e falou:/ quero ver/ agora qual é o/ sacana que vai dizer/ que eu nunca estive/ no Rio de Janeiro". Se estivesse vivo, o velho Newton, com justificado orgulho, encheria o peito e diria: "Quero ver agora qual é o danado que vai dizer que meu filho não é doutor". Parabéns, e obrigado pela poesia sua e nossa de cada dia, poeta e doutor Ferreira Gullar.

O tríptico do afeto

A ideia original de minha vinda a Brasília partiu do confrade Fabio Coutinho,[1] com a sugestão de uma homenagem ao centenário iminente e eminente da professora Cleonice Berardinelli, minha antiga mestra e hoje confreira na Academia Brasileira de Letras. Tendo sido eleito para a Academia de Letras do Brasil na sucessão do escritor Lêdo Ivo, indaguei aos presidentes Alencar e Coutinho se não poderia aproveitar o ensejo para, sucintamente, estender o arco das recordações para além da figura de meu antecessor, para que nele também coubessem as homenagens a Cleonice Berardinelli e a um outro acadêmico de quem fui muito próximo, o poeta Ivan Junqueira, falecido em 2014. Assim, apresentarei uma espécie de tríptico da amizade,

---

1 Inicio este discurso com um quádruplo agradecimento: ao acadêmico Edmílson Caminha, pelas generosas palavras com que acaba de me receber nesta Academia de Letras do Brasil; aos presidentes Fontes de Alencar, da Academia de Letras do Brasil, e Fabio Coutinho, da ANE – Associação Nacional de Escritores, constante presença de uma amizade que se abeira do meio século; e, por fim, agradeço às senhoras e senhores, pela honrosa presença.

tentando fazer de minhas palavras tanto a celebração da alta poesia, consubstanciada em Lêdo e Ivan, quanto a celebração da alta leitura interpretativa da poesia, materializada em Cleonice.

Evocação de Ivan Junqueira

Invoco, em primeiro lugar, a memória de Ivan Junqueira, que conheci na década de 1990, quando editamos a revista *Poesia Sempre*, da Fundação Biblioteca Nacional. Uniu-nos imediata, recíproca simpatia, pois, sob a máscara do tipo mal-humorado profissional, que ele portava com certo prazer defensivo frente às tediosas solicitações do cotidiano, logo percebi o amigo fiel, o erudito sem pompa, o espírito generoso, o poeta tecnicamente perfeito. A tais virtudes se somava o amor pela música clássica, pela boa conversa e pelos bons vinhos, o que transformava nossos encontros em celebrações da inteligência e dos sentidos.

Nossas afinidades eletivas levaram-me, sem vacilar, a escolhê-lo para me receber em 2004 na Academia Brasileira de Letras. Na ocasião, ele exercia a presidência da Casa, e, numa exceção ao protocolo, concordou de bom grado em fazer o discurso de recepção, em cerimônia que contou com a presença de Fabio Coutinho.

Não se entra a passeio na poesia de Ivan Junqueira, e dela não se sai incólume. Isso talvez seja o que de mais desafiador se possa demandar de um texto: a capacidade de nos fazer outros, ao cabo de sua travessia. E a lírica de Ivan possui este atributo. Avessa a improvisos e facilitações, talvez por isso mesmo apresente, em termos quantitativos, dimensão reduzida, pelo simples fato de que sua "obra completa" já é em si, ao mesmo tempo, uma "obra seleta".

Papéis de poesia II

Se não se pode crer em um artista que desconheça o material com que trabalha (a apologia da ignorância gera maus resultados em todos os domínios), também não será unicamente a mestria técnica que legitima a qualidade poética. Ivan conseguiu tornar viva a tradição não porque a glorificasse, mas porque a fez dialogar com suas angústias e indagações de homem do século XX, na linhagem de uma lírica do pensamento.

Era um poeta não apenas de ossos e destroços, como se tentou caracterizá-lo, mas da carne, da matéria simultaneamente cantada em sua plenitude e desencantada em sua inexorável decadência – daí a exasperada presença da morte, a tornar tragicamente absurda a gratuidade da vida. O não querer da morte (dela, que não cessa de nos querer) é responsável pela áspera tonalidade de muitos poemas, que oscilam sutilmente entre certo fascínio malévolo do horror e o desejo de exorcizá-lo – mas para substituí-lo por que ingênua esperança?

Num mundo sem transcendência, o homem se estabelece como um provisório deus de si mesmo – quando cria, ou quando ama. Fora do amor e da arte, não há salvação. Sob esse prisma, desenha-se uma nítida coerência no pensamento de Ivan Junqueira, desde o inaugural *Os mortos* (1964) até *A sagração dos ossos* (1994). Esse *leitmotif* da perda e da dissipação – cada vez mais bem executado – insiste em se fazer ouvir, com pequenas variantes, em todos os "movimentos" – livros da poesia de Ivan, num gesto sinfônico que o poeta-maestro regeu no limite extremo da beira de um abismo.

Se o reconhecimento de sua importância ainda não se efetivou na dimensão merecida, isso se deve, de algum modo, ao próprio temperamento do autor, avesso ao circuito de autopromoção e intransigentemente centrado na paixão pelas letras,

Antonio Carlos Secchin

sem quaisquer concessões de "facilitá-las" para atingir público mais numeroso. Hoje, quando muitas exibições performáticas anestesiam a plateia, em detrimento do valor intrínseco do texto, ressalta a lembrança da postura sóbria de Ivan Junqueira, "apenas um poeta/ a quem Deus deu voz e verso".

Do poeta, passo à professora

Antes da feliz oportunidade de conhecer Cleonice Berardinelli em pessoa, tive ocasião de conhecê-la em texto. O primeiro contrato se deu através do prefácio que redigiu para *Estilos de época na literatura*, de Domício Proença Filho, de 1967.

Em 1970, ingressei na Faculdade de Letras da UFRJ, na avenida Chile, para fazer o bacharelado em Português e Literaturas Vernáculas, onde fui colega do ficcionista e poeta Ronaldo Costa Fernandes e quase fui professor do poeta e crítico Felipe Fortuna, aqui presentes. No ano seguinte, numa sala apinhada de jovens estudantes, vi adentrar a professora Cleonice, elegante e bela senhora, para ministrar aquele que seria seu último curso na Graduação: "Linhas mestras da literatura portuguesa", enfeixando diversos eixos temáticos da produção literária lusitana e propiciando confrontos e aproximações entre textos de variada procedência histórica.

Desde os primeiros encontros percebi que eu muito teria a aprender não só com o conteúdo propriamente dito das aulas, mas também, ou sobretudo, com o desempenho impecavelmente sedutor e preciso da mestra, que transformava o exercício da leitura poética num ritual celebratório da inteligência e da sensibilidade. Dentre as lembranças daquele curso, destaco meu aprofundamento na obra de Cesário Verde. Recordo

Papéis de poesia II

Cleonice na récita de "Deslumbramentos": "Milady, é perigoso contemplá-la,/ Quando passa aromática e normal,/ Com seu tipo tão nobre e tão de sala,/ Com seus gestos de neve e de metal".

O poema promovia associações entre palavras que pela primeira vez eram apresentadas umas às outras – "aromática" e "normal", gestos "de neve" e "de metal"; muito do efeito estético advém desses casamentos inesperados de termos que, apesar de não se frequentarem em outros recintos, tratavam, no espaço poético, de se atrair de modo irreprimível. A dicção perfeita de Cleonice, a elocução tensa e contida que emprestava a cada verso, o sutil destaque às rimas e às aliterações, tudo isso concorria para que, por momentos, o estrado da sala de aula se convertesse numa espécie de palco, onde, soberana, a Poesia desfilava, materializada na voz de uma grande intérprete.

Ao final do curso, ao devolver-me uma prova em que obtive nota elevada, Cleonice, prodigamente, acrescentou por escrito um encorajador e entusiasmado comentário, em que tecia previsões alvissareiras quanto ao futuro literário daquele rapaz de 19 anos. Por sua iniciativa, estive a ponto de tornar-me professor de literatura portuguesa, não fosse o convite que, recém-graduado, recebi do professor Afrânio Coutinho, para integrar o Setor de Literatura Brasileira da Faculdade de Letras da UFRJ. Comecei a cursar a pós-graduação, período em que, pela segunda vez, fui aluno de Cleonice; dessa feita, o tema era a poesia de Fernando Pessoa – o mesmo prazer e proveito da graduação se fez presente nas aulas daquela mestra que, pioneiramente no Brasil, escrevera, ainda na década de 1950, uma tese sobre o autor de *Mensagem*.

Após quatro anos no exterior, retornei ao país em 1979, defendi a dissertação de mestrado, na sequência a tese de

Antonio Carlos Secchin

doutorado e consolidei a carreira no magistério da literatura brasileira. Além de amigos, tornamo-nos, Cleonice e eu, colegas no Departamento de Letras Vernáculas, até que, de novo, tive a alegria de contar com sua participação num momento importante de minha trajetória. Em 1993, coube-lhe presidir a banca examinadora de meu concurso para Professor Titular da Faculdade de Letras. Desincumbiu-se da missão com a competência e a serena seriedade que lhe são peculiares. Proclamado o resultado, com o qual, honrosamente, eu passava a integrar a linha sucessória dos catedráticos Alceu Amoroso Lima e Afrânio Coutinho, dirigi-me à professora e lhe entreguei singelo documento: a cópia da prova, guardada há vinte e dois anos, em que ela expressara de modo benfazejo seus desígnios acerca de minha vida profissional. Cito: "Antonio Carlos, foi um prazer ser sua professora. Sem querer profetizar – como a ninfa da Ilha dos Amores –, asseguro-lhe um grande futuro".

Em 2004, ingressei na Academia Brasileira de Letras, e desde então já pensava que esta instituição deveria ser também a Casa de Cleonice, pelo muito que ela fizera em prol da língua portuguesa e de suas literaturas. Por incrível que pareça, até então ela, apesar de nacionalmente conhecida e reconhecida, jamais proferira palestra na Academia, que, não obstante, contava em seus quadros com vários de seus ex-alunos, a ponto de, numa blague, eu lhe dizer que a sigla ABL também podia ser entendida como Academia Berardinelli de Letras. Com efeito, lá estavam Afonso Arinos, Ana Maria Machado, Domício Proença Filho e Antonio Carlos Secchin, a que pouco depois se somariam Evaldo Cabral de Mello e Zuenir Ventura.

Cleonice, então, compareceu à Academia para proferir excelente conferência sobre o Padre Antônio Vieira. Começava a

Papéis de poesia II

pavimentar-se o caminho que culminaria, no dia 16 de dezembro de 2009, com sua eleição para a cadeira n.8. Ela sempre registra o fato de eu ter sido um dos mais entusiasmados mentores e incentivadores de sua candidatura, e cita com frequência nosso diálogo, quando tentava convencê-la a se apresentar. "Você deve candidatar-se à Academia", insisti. "Dê algum tempo para eu pensar, pode ser?", indagou. "Sim", respondi. "Dez minutos". Aceitou, e foi eleita em primeiro escrutínio, por ampla maioria de votos.

Duplamente confrades — na Academia e na Universidade — mais uma vez estaríamos juntos, na cerimônia de minha emerência na UFRJ. Após 39 anos de carreira docente (poucos, se comparados aos mais de 60 de Cleonice), aposentei-me na UFRJ em 2011, e em 2013 fui duplamente agraciado pela Universidade: com a concessão do título de professor emérito e com a publicação da coletânea *Secchin: uma vida em letras*. Cleonice foi homenageada em meu discurso de agradecimento. E por ela, nessa coletânea, fui contemplado com um belo texto — "A Antonio Carlos Secchin, lamentando que deixe nossa Faculdade tão cedo...". Nele, recorda o episódio da prova, transcrevendo-a na íntegra, e se estende em sutis comentários acerca de minha produção poética. Reproduz ainda um poema-dedicatória que lhe enviei. Nele, declaro a condição de perpétuo aluno da querida professora, conforme atestam os versos a seguir, na dedicatória de meu livro *50 poemas escolhidos pelo autor*: "Haverá, talvez, poesia/ em algo que aqui se disse?/ Melhor indagar à mestra/ em verso e prosa: Cleonice".

Evoco, agora, meu antecessor nesta Casa, o poeta Lêdo Ivo. Em mesa-redonda promovida em sua memória, na ABL, apresentei dois textos. O primeiro contém as palavras que proferi na sessão da saudade que a Academia Brasileira de Letras realizou em 10 de janeiro de 2013, em sua honra, e que aqui reproduzo:

Lêdo

Produtivo

Vinte e seis livros de poesia, seis de ficção, quinze de ensaio. Tradutor de Dostoiévski e de Rimbaud. Traduzido em cinco idiomas. Embora, com razão, se considerasse basicamente poeta, Lêdo foi homem de letras na mais ampla acepção do termo, praticando com alto nível e consistência todos os gêneros literários.

Participativo

A menos que estivesse ausente do Rio, jamais faltava às palestras das terças e às sessões das quintas. Interessava-se por tudo, e sobre cada assunto emitia um juízo, jamais neutro. Ora apimentada pela ironia, ora adoçada pelo afeto, sua palavra driblava as expectativas do lugar-comum. Decifrar Lêdo Ivo não era missão para principiantes.

Criativo

Conjugando sua poderosa imaginação à memória da infância de que nunca se despediu, Lêdo não experimentou o declínio da capacidade criadora. Ao contrário, parecia superar-se a cada livro, como demonstra o fulgor de seu *Réquiem*, ilustrado

Papéis de poesia II

pelo filho Gonçalo, e publicado aos 84 anos do poeta. À vontade nas formas fixas ou nas livres, no verso conciso ou no de amplo fôlego, sentia-se contemporâneo tanto dos autores medievais em suas cantigas de escárnio, quanto de escritores que sequer chegaram à casa dos vinte anos. Daí, num verso célebre, ter-se definido como "cada vez mais moderno e mais antigo".

O outro texto que então apresentei consistia numa exegese de sua obra *Curral de peixe*, de 1995, de que agora reproduzo alguns trechos.

Os "terraços do mar" constituem a primeira das três partes de *Curral de peixe* (1995). Nela, quarenta e um textos revelam a presença ostensiva de um poeta semeado de descrenças ("Toda vida é treva/ por mais que a ilumine/ a luz de cem velas") e de incertezas ("Não sei quem sou. Não quem bate à porta/ usando a minha mão"). A dúvida metódica diante dos desconcertos do mundo parece compor o fio unificador dos poemas. Circulando entre o solo natal, capturado em sua trivial miudeza, e o espaço cósmico, espelho ampliado da neblina humana, Lêdo Ivo vislumbra, em ambas as dimensões, signos similares de corrosão e perda. Todavia, o que tal opção poderia conter de patético acaba por atenuar-se através da ironia, na concepção de uma História regida pela paródia.

O segundo bloco, "Dia e noite", é integrado por 42 sonetos, de variadíssima fatura no que concerne ao ritmo, à métrica, à rima, e obsessivamente preenchidos pelos pares claro/escuro, manhã/tarde, noite/dia.

A orfandade literal, expressa na parte 1, é agora ampliada para uma espécie de orfandade de si próprio, por meio da subtração de balizas de reconhecimento ("Por onde quer que eu vá levo sempre comigo/ um pronome incompleto. Como pesa esse embrulho!").

Já em "Salteador", derradeiro segmento de *Curral de peixe*, a verve epigramática se manifesta na quase totalidade dos 35 poemas. Verdadeiros exercícios de escárnio e do maldizer, os textos fustigam a cupidez, a inveja, a gula e o adultério, dentre outras marcas humanas, brandindo ainda as armas do cinismo no "politicamente incorreto", como em "Um desafio litorâneo":

Uma baleia ferida
na praia de Saquarema.

A terra já problemática
enfrenta mais um problema.

Como salvá-la da morte
ou convertê-la em poema?

Nada disso, no entanto, se compara à mordacidade (elevada até o sarcasmo) dos versos dedicados à confraria literária. Leia-se, a esse (des)respeito, "A morte de um estilista":

no recinto acadêmico
foi comparado a Camilo.
E seus pares derramaram
lágrimas de crocodilo.

No último poema do livro – "O poeta e os críticos" –, Lêdo Ivo ironiza a flutuação dos traços com que os estudiosos procuram classificar (isto é, reduzir) sua obra: poesia da claridade,

Papéis de poesia II

da escuridão, do amor, da infância, da morte, do tempo, do laconismo, do excesso. Imerso em meio a tantas polarizações, indaga: "Onde começo e termino?". Simulando não saber o que de si existe naquilo que de alheio lhe é atribuído, o poeta, afinal, parece dialogar com o também crítico e memorialista Lêdo Ivo, que, em suas *Confissões* (1979), anotara: "Desconfiai dos que tudo aceitam, explicam e compreendem. A incompreensão é um dos ingredientes da inteligência".

Gostaria de concluir com um depoimento pessoal acerca de Lêdo Ivo. Apesar de nosso convívio acadêmico haver sido relativamente curto, brindou-me sempre com demonstrações de afeto e lealdade. Dos cerca de 30 livros de sua autoria que integram minha biblioteca, quase todos portam dedicatória. Reproduzo algumas, para demonstrar sua vivacidade, humor e inteligência. Peço de antemão que relevem o exagero encomiástico do poeta para com minha pessoa, explicado pelo afeto que me dedicava, às vezes temperado aqui e ali por uma ponta de ironia ou de autoironia. Assim, em 1995, dedica: "Ao mestre Secchin, o aluno relapso Lêdo Ivo". *O aluno relapso* era o título do livro. Em 2004, em *Cem poemas de amor*, autografou: "A Antonio Carlos Secchin, ao amigo querido e ao bibliófilo insaciável". Em 2010, na antologia bilíngue *El silencio de las constelaciones ocultas*, escreveu: "A Antonio Carlos Secchin, que sabe escutar o silêncio de todas as constelações: as ocultas e as visíveis. Seu amigo de sempre, Lêdo Ivo". Por fim: em 2005 fui presentado com um poema-dedicatória na antologia *Los murciélagos* (*Os morcegos*). Hoje, em primeira mão, eu o divulgo:

A poesia é intraduzível?
Traduzir é ledo engano

ou magia transplantada,
novo canto soberano
de quem entra pelo cano
da linguagem imprevisível?
Ou tradução é nonada,
jasmim cativo em jardim?
A poesia é a aragem
que sobra de uma viagem?
Ou poesia é morcego.
linda Inês posta em sossego,
vazio onde tudo cabe,
fim do improvável sem fim
de uma aventura secreta?
Só perguntando a quem sabe,
só perguntando ao poeta
e da poesia exegeta
Antonio Carlos Secchin.

Lêdo Ivo, 12 nov. 2005

Em 2015, numa linda edição intitulada *Poesia breve*, em tiragem de 40 exemplares preparada pelo poeta, designer e bibliófilo Antonio Miranda, tive ocasião de retribuir a homenagem, num poema-prefácio intitulado "A Lêdo Ivo":

Indagador obsessivo,
Na memória mora um arquivo,
Que se acende, imperativo,
Toda vez que o texto é vivo.
Num sopro superlativo,

Papéis de poesia II

Faz do poema um vocativo,
Convocando o ser esquivo
Para o mundo substantivo,
Inventado pelo crivo
Da linguagem de Lêdo Ivo.

De todos esses atributos, prefiro guardar um, para demonstrar meu afeto pelo poeta e sua importância em nossas letras: Lêdo vivo.

Geraldo Carneiro e os deuses da alegria

Machado de Assis, no capítulo V de *O alienista*, narra que, para fugir ao regime de terror imposto em Itaguaí pelo Dr. Simão Bacamarte, os habitantes da cidade tentam conquistar as boas graças de D. Evarista, esposa do médico. Para tanto, tratam de adulá-la em torneios poéticos que hiperbolicamente a elevam aos píncaros da perfeição. Cito: "D. Evarista foi o assunto obrigado dos brindes, discursos, versos de toda a casta, metáforas, amplificações, apólogos. Ela era a esposa do novo Hipócrates, a musa da ciência, anjo, divina, aurora [...]; trazia nos olhos duas estrelas, segundo a versão modesta de Crispim Soares, e dois sóis, no conceito de um vereador. O alienista ouvia essas coisas um tanto enfastiado, mas sem visível impaciência. Quando muito dizia ao ouvido da mulher, que a retórica permitia tais arrojos sem significação".

Dissecador da alma humana, Machado arremata: "D. Evarista fazia esforços para aderir a esta opinião do marido; mas, ainda descontando três quartas partes das louvaminhas, ficava muito com que enfunar-lhe a alma".

163

A fim de que o recém-acadêmico Geraldo Carneiro[1] não incorra em excesso no pecado da soberba, eu me limitarei, portanto, à quarta parte não das louvaminhas, mas das justas considerações que sua obra suscita: para entender o bom criador, um quarto de palavra basta. Por isso, não me deterei, neste autor multiliterato, na faceta do letrista de mais de duas centenas de canções, em parcerias com Egberto Gismonti, Astor Piazzolla, Francis Hime, entre outros. Tampouco me estenderei em considerações acerca de sua celebrada contribuição à nossa teledramaturgia, que lhe valeu, em 2011, o Prêmio Emmy Internacional pela adaptação de *O astro*. Geraldo elaborou muitos textos para séries especiais na tevê, ora com enredos originais, ora com ênfase na reescrita de clássicos da literatura brasileira. Criou roteiros de cinema. Fez-se presente na cena teatral, com peças de própria autoria ou por meio de seis preciosas traduções de Shakespeare. Incursionou na literatura infantil, no adorável *Como um cometa*, de 2009, em que fala de um "asteroide debiloide/ que chocou-se contra a Terra [...] faz alguns milhões de anos/ e mandou todos os dinossauros/ para o cinema americano". O humor é marca de sua produção, presente tanto na prosa quanto na poesia, temperadas por uma sofisticada autoironia.

Conforme vemos, a arte de Geraldo se divide, ou melhor, se multiplica em várias frentes. Excluídas a parcela musical, a televisiva, a cinematográfica, a dramatúrgica e a infantil, o restante – que é muitíssimo – já seria suficiente para inflar seu espírito, fazendo-o desprender-se daqui, leve, volátil, e suavemente

---

1 Discurso de recepção a Geraldo Carneiro na Academia Brasileira de Letras.

Papéis de poesia II

deslocar-se para outro lugar, Belo Horizonte, e retroceder a outro tempo, 23671 dias atrás, até pousar em 11 de junho de 1952. Nascia, provavelmente já bem fornido de negra e farta cabeleira, Geraldo Eduardo Ribeiro Carneiro. Relevo dois fatos curiosos relativos à sua data natalícia: ela registrou o recorde da mais baixa temperatura de todos os tempos no Brasil – 14 graus negativos, em Caçador, Santa Catarina, o que não deixa de contrastar com a futura poesia quase sempre ensolarada do autor; e, nessa mesma noite, a Boate Casablanca, na Praia Vermelha, Rio de Janeiro, exibia o espetáculo "Pif-paf, edição extra", de Millôr Fernandes, que viria a ser dos maiores amigos de Geraldo, seu parceiro no teatro e no cinema.

Permitam-me uma digressão: este que hoje o saúda veio ao mundo 24 horas antes do novo acadêmico. Somos rigorosamente coetâneos. Tal proximidade, muito provavelmente inédita na Academia, reveste-se, em meu benefício, de um aspecto prático; sempre que discutirmos, e me faltarem melhores argumentos, poderei recorrer à precedência cronológica e adverti-lo: "Respeite os mais velhos". Em função disso, em relação à minha pessoa, ele será um benjamim constante. Desnecessário, porém, pedir-lhe consideração para com os mais antigos. No plano do convívio, pauta-se por indefectível gentileza e cordialidade. A única pessoa de quem fala mal é de si mesmo, sempre com tiradas espirituosas: nele, simpatia é quase humor.

Se, como quer Guimarães Rosa, "Nome não dá: nome recebe", o de Geraldo já emergiu bafejado por desígnios poéticos: além de por extenso constituir-se num perfeito decassílabo provençal– Geraldo Eduardo Ribeiro Carneiro –, a metade inicial (Geraldo/Eduardo) estampa rima toante, enquanto a metade final apresenta rima consoante (Ribeiro/Carneiro).

Diante de tantas evidências, quando ele nasceu, um anjo do Pico de Itabira decerto lhe terá decretado: "Vai, Geraldo, ser poeta na vida".

Como esta é uma Casa que estatutariamente zela pela literatura brasileira e pela língua portuguesa, tampouco posso me abster de recordar a etimologia de seu nome. Geraldo significa "o senhor da lança", o guerreiro que se expõe. Eduardo, o guardião do tesouro, da riqueza; portanto, não é o que avança, mas o que retém. Tal movimento pendular entre a permanência do que se guarda e a expansão do que se projeta condensa-se no signo "carneiro", que, se de um lado, remete ao animal doméstico abrigado no espaço de uma propriedade rural, por outro aponta a amplidão cósmica de uma constelação boreal, Carneiro, também conhecida por Áries. Certa feita, dirigindo-me ao novo acadêmico, enviei "prolfaças ao poeta". "Prolfaças", como todo mundo sabe, é sinônimo de "parabéns"; mas o que quer dizer "poeta"? É aquele que abraça a palavra e a protege, como o guardião Eduardo, porém o faz para liberá-la mais tensa e intensa na ponta de seu verso ou lança, como o guerreiro Geraldo. Poeta é quem torna pública a potência da palavra íntima, numa perpétua dádiva ao outro, seja ele alguém próximo ou um longínquo habitante destes nossos "subúrbios da galáxia", para valer-me do feliz título de recente antologia do escritor.

Atento a coincidências numerológicas, não me furto a observar que Geraldo, nascido numa quarta-feira, é o quarto acadêmico com o sobrenome "Carneiro", após Levi, Paulo e Carneiro Leão. Torna-se o quarto mineiro na história da cadeira 24, em sequência ao patrono Júlio Ribeiro e aos antecessores imediatos Ciro dos Anjos e Sábato Magaldi. A soma dos dígitos do seu dia de nascimento – 11 do 6, mais 5 e 2 – perfaz

Papéis de poesia II

exatamente o total de 24, como se, por insondáveis artes aritméticas, essa fosse a cadeira desde sempre a ele predestinada.

Minas, literariamente, se compõe num amálgama entre o minério e o mistério, espaço das profundezas minerais e das profundidades do espírito. Tal tensão entre a solidez e a evanescência, de que a obra de Carlos Drummond de Andrade é exemplo maior, traduz a maneira mineira de ser. "Noventa por cento de ferro nas calçadas./ Oitenta por cento de ferro nas almas", escreveu o bardo itabirano. Cariocamente solar, a poesia de Geraldo, não obstante, abriga um núcleo pétreo de solidão e perplexidade. O vate dionisíaco, o navegante de corpos e de belos horizontes, é igualmente o menino em quem ainda hoje ressoam os sinistramente belos versos de Cruz e Sousa, decorados na infância – "Que é feito dos teus risos cristalinos?!/ Caveira! Caveira!! Caveira!!!". Ele é também o jardineiro que cultiva a secreta flor do naufrágio, presença clandestina sob a superfície de uma poesia ancorada na celebração dos encontros e na suposta segurança do cais. Cito, de poemas diversos: "gritos de outros naufrágios", "escritas naufragadas", "marinheiro de primeiro naufrágio", "todas minhas bem amadas/ dentro de mim pra sempre naufragadas".

Aos três anos, a contragosto, deixou o estado natal para radicar-se no Rio de Janeiro. Parte de sua adolescência se encontra narrada nas deliciosas páginas do livro, de 1996, *Leblon – crônica dos anos loucos*, entenda-se: décadas de 1960 e 70, anos de chumbo da repressão política, anos da distensão dos costumes, propiciando uma eclética salada de engajamento e hedonismo a que Geraldo se atirava com esplendor, fúria e amor. Marx e Eros foram as estátuas eretas em seu íntimo altar. Num trecho, declara a motivação que o levou à militância: "era uma moça inteligentíssima e sexualmente anfíbia, a quem eu supunha impressionar com minhas fantasias de revolução [...] codinome Helena, que parecia a Vênus de Milo, e ainda por cima tinha os dois bracinhos".

Agora cometerei um gesto de grave indiscrição biográfica: revelo em primeira mão que Geraldo, desde a chamada "tenra idade", foi um ardente cultor das musas. É certo que nessa matéria ele sempre fez uma ressalva: quando elas eram etéreas e só davam plantão lá no Olimpo, a confusão aqui na Terra era bem menor.

O Leblon "objetivo", a história do bairro, se comprime em cinco páginas do capítulo inicial. Na sequência o autor adverte: "o leitor ávido de informações fidedignas [...] a partir deste parágrafo, só encontrará fragmentos de crônica irresponsável, cambiante como as fases da lua e confiável como as promessas do governo". Assistiremos, então, às ousadas investidas de Geraldinho, na travessia intrépida de um Leblon repleto de minas, não os artefatos explosivos, não as Minas Gerais, de onde ele proveio, mas conforme a décima terceira acepção que o dicionário *Houaiss* atribui ao vocábulo. "Mina: mulher jovem ou adolescente".

Nesse terreno, digamos, minado, não resisto a resumir uma anedota consignada no livro, e que atesta o poder transformador da palavra. Certo apartamento da avenida Niemeyer, destinado a encontros galantes, encontrava-se guardado por um cachorro. Para fazê-lo aquietar-se, urgia, antes de adentrar o imóvel, chamar o cão pelo nome: "Starobinski", e os ferozes latidos se extinguiam de imediato. Uma tarde, Geraldo lá estava e ouviu, oriunda do corredor, a voz ansiosa e resfolegante de outro candidato à utilização daquele espaço. O infausto cavalheiro,

Papéis de poesia II

porém, em vez de pronunciar a palavra mágica – "Starobinski" – repetia em vão "Sputinik", o que apenas intensificou a hostil e altissonante reação canina, e assegurou a Geraldo a almejada privacidade.

Em outra passagem, sem aprofundar-se na questão, revela que, aos doze anos, quase foi estrangulado por Paulo Mendes Campos. Depois, soube que o conflito se deu por motivos futebolísticos, uma tertúlia de tricolor *versus* alvinegro, mas tal informação não consta do livro. Por esses e outros motivos, instei Geraldo a que escrevesse suas memórias, e ele me pareceu receptivo à sugestão. *Leblon – crônica dos anos loucos* é sucinta amostragem do potencial de um excelente memorialista, que até agora vem pecando apenas pela parcimônia.

Igualmente ótima e exígua já havia sido a biografia *Vinicius de Moraes, a fala da paixão*, publicada em 1984 na Coleção Encanto Radical, da Editora Brasiliense. Oitenta e nove páginas que, para permanecermos fiéis à memória do poeta, prazerosamente se leem de um só trago. Sobre a relação entre os poetas e o álcool, o biógrafo destila pertinentes comentários: "Se eu fosse proprietário da James Buchanan & Co., meu sonho dourado seria fornecer bebida para uma taberna frequentada por Vinicius de Moraes, Edgar Allan Poe, Dylan Thomas e Malcolm Lowry [...]. Prossegue: "Vinicius não tinha a menor *vergonha* de beber [...]. E acabou transformando o copo de uísque, até então mantido decorosamente na sombra, em marca registrada". Em outro passo, com argúcia, Carneiro ressalta a importância do poeta carioca no resgate da temática amorosa, abandonada e achincalhada pelo patrulhamento vanguardista. Afirma: "O lirismo persiste. Mas, muitas vezes, a poesia musical de Vinicius escapa à feroz egolatria da poesia tradicional,

Antonio Carlos Secchin

[...] assume o eu indiferenciado da fala amorosa". Sim, porque o poeta é um impostor: quando diz "eu", não está necessariamente falando de si, mas dando voz a um personagem que o representa ou não. Quase tudo que, com acuidade, o biógrafo detectou na poesia do biografado poderia ser transposto para o lirismo do próprio Geraldo: ele, sob certos aspectos, é o grande herdeiro, legitimamente bastardo, do legado viniciano.

Apesar de sua obra poética haver sido compilada, em 2010, num alentado volume de 462 páginas, preferi percorrê-la nas publicações originais, não por fetiche bibliofílico, mas pelo simples motivo de que, às vezes, a primeira edição contém informações suprimidas nas posteriores. Somente por meio delas percebemos, por exemplo, que Geraldo costumava contrabandear seus livros, acolhendo obra anterior, total ou parcialmente, na derradeira seção de uma nova coletânea. Unicamente em 2002 constou, na *Lira dos cinquent'anos*, menção ao nome de Cora Rónai, na inusitada função de "superego poético". Os estudos de Sérgio Sant'Anna, Silviano Santiago e Nelson Ascher, integrantes das edições *princeps*, não comparecem no livro de 2010, onde, em compensação, há ensaio inédito de Ascher, que enfatiza a posição singular da lírica de Geraldo, em seus diálogos e dissensos com as gerações modernistas (daí, pelo dissenso, eu tê-lo considerado um filho bastardo de Vinicius).

Sua obra se iniciou em 1974, com *Na busca do sete-estrelo*, classificada como "ópera de cordel", quando o autor ainda se assinava Geraldo Eduardo Carneiro, embora na época, talvez sonhando com uma vaga na Académie française, apreciasse ser chamado de Gérad Éluard du Khar'Nehru.

Nunca compartilhamos o mesmo teto nos hotéis da vida às vezes nômade dos escritores, mas já ocupamos páginas

Papéis de poesia II

vizinhas, na célebre antologia *26 poetas hoje*, de 1976, organizada por Heloísa Buarque de Hollanda.

A reverência e a irreverência frente aos clássicos, processados pela peculiar dicção da modernidade, marcam forte presença em *Verão vagabundo*, de 1980. Carneiro desenvolve com mestria um confronto desabusado entre o muito antigo e o hipercontemporâneo. Com precoce e vasto conhecimento dos principais autores gregos, ingleses, franceses, lusos, italianos e brasileiros, o escritor os dessacraliza pelo viés do humor. Cito Sérgio Sant'Anna: "Geraldo Carneiro me faz lembrar um aluno desses de gênero muito raro, que, ao invés de gazetear na rua, vai fazê-lo na Biblioteca Nacional, com a destemperança de quem adentra o botequim. Isso só para sair lá de dentro com uma homenagem – às vezes amante, às vezes malvada – aos mestres que vira pelo avesso". A erudição se desveste da pompa, reciclada pelo que o poeta denomina "eros-dicção". De modo explícito ou tangencial, cerca de uma vintena de textos do panteão literário desfila sob as luzes desse *Verão*, a exemplo de "meus oito anos", "educação sentimental", "olhos de ressaca", "parapsicologia da composição". Às vezes o título revela-se pista falsa, em poemas que pouco ou nada têm a ver com as "matrizes" que os teriam inspirado; outras, o título não indica o diálogo que o poema vai desenvolver, como "fogos de artifício", cujo verso inicial, porém, "a primeira vez que vi Júlia", remete de imediato a "Teresa", de Manuel Bandeira ("A primeira vez que vi Teresa"); ambos os textos, inclusive, contêm o mesmo número de estrofes (três) e a presença do elemento líquido em seus respectivos desfechos.

O livro expõe um traço que caracterizará toda a trajetória do poeta: a sedução pela vertente lúdica da linguagem, patentenas paronomásias e nos neologismos intra- e interlinguísticos:

"picnicarescos", "milkshakespeareana". Mais tarde, irão surgir: "proustituição", "beneviolência", "angelicaos", "mallarmadas", "umbiguamente", "obsclaras".

Em *Verão vagabundo* avulta, literalmente, o poema "POR ONDE ME CONDUZ O MEU CAVALO", não só por ser o único impresso em caixa alta, mas também pelo fato de esse texto, em pleno período de desprezo pelas formas fixas, ser constituído por impecáveis decassílabos, em três quadras rimadas. O decassílabo, em especial o branco, será, aliás, um padrão métrico larga e eximiamente praticado na poesia de Geraldo.

Em "Cubanacan", ele revela o desejo de viver dolentemente "estilo piquenique/ em Xanadu". Seu terceiro livro, de 1988, se apropria desses versos de 1980, intitulando-se *Piquenique em Xanadu*. Geraldo, às escâncaras, é notório e reincidente larápio de si mesmo, mas deixa perceptíveis os vestígios de seus autofurtos, e por isso conta com infinitos, imortais anos de perdão. Ao longo da obra, duas, três ou mais vezes vai confessar-se um "fauno sem *après-midi*"; vai contemplar as "galas da galáxia"; travestir-se de Orfeu; encarar o "luto do absoluto"; declarar sua "insigne insignificância".

Mesmo anunciado no título, o "piquenique em Xanadu" acaba não ocorrendo: nenhum poema o registra. Decerto não por falta de companhia, mas talvez pela dificuldade de acesso ao local do evento. Também desejado e remoto – ou talvez desejado porque remoto – é outro *tópos* edênico em sua poesia: Shangri-La, substantivo em cuja última sílaba se insinua um advérbio – lá –, que desloca perpetuamente para longe – para lá – a promessa de um inalcançável paraíso.

O texto final do livro, "manu çaruê" registra a aventura apocalíptico-surrealista de um personagem tragado por um

Papéis de poesia II

computador, e a seguir lançado à cena da primeira missa no Brasil (por isso há versos em latim e tupi); depois ele ressurge no morro de Santa Marta, para, ao cabo, transformar-se em anúncio de néon. Revela-se o talento de Geraldo no manejo do tom farsesco a serviço de um relato que rompe a linearidade cronológica e a contiguidade espacial. Tal espécie de texto vai retornar em publicações subsequentes, quase sempre alocado como peça final dos volumes.

É o que verificamos em *Pandemônio*, de 1993, cujo poema derradeiro, homônimo do livro, estende-se por dez páginas, com a tresloucada história de Judite Salomão, ou Judy Jungle, mulher ligada ao comércio de drogas e pactuária do diabo. Proliferam colagens e paródias nessa narrativa do submundo, já a partir do verso 1, em que o poeta evoca e traduz uma de suas obsessões, o início do *Finnegans Wake*, de James Joyce, "riverrun, past Eve and Adam's", transformado em "Rioverão, pós Eva e Adão".

Destaquemos ainda, noutro poema ("os anjos não tem sexo"), um processo de composição que desarticula um enunciado original por meio de permutas sintáticas entre as mesmas palavras. Assim, o primeiro e sentencioso verso — "o sexo é o guarda-chuva da felicidade" — se transforma, logo a seguir, em "a felicidade é o guarda-chuva do sexo", para, no epílogo, enunciar-se como "a felicidade é o sexo do guarda-chuva".

Em *Folias metafísicas*, de 1995, na peça "o grafito do inferno", Geraldo logra a proeza de piratear dois poetas ao mesmo tempo:

Lasciati
Ogni Speranza
Voi Che
Entrate

Antonio Carlos Secchin

Pura pirataria, com a apropriação total do famoso verso 9 do canto III do Inferno, da *Divina comédia*, de Dante Alighieri. Porém, ao transcrevê-lo verticalmente, Carneiro cria outro poema, pela astuciosa configuração espacial do verso, fragmentado em quatro segmentos, cujas letras iniciais formam o acróstico "**LOVE**", maliciosamente associando o amor aos tormentos infernais. O segundo autor pirateado foi o próprio Geraldo, pois esses quatro versos, idênticos, foram furtados de um longo poema, "comédia", do livro *Verão vagabundo*. Até nas orelhas da obra o vate faz pilhagem de si, ao reaproveitar em prosa um texto seu antes estampado em versos.

Como nas duas publicações anteriores, o livro se encerra por uma peça longa e anômala ao padrão poético do conjunto. Trata-se de "apocalipse", que, no certeiro comentário de Nelson Ascher, "reencena a famosa Revelação de São João num linguajar de funkeiro de morro carioca", no "mais profundo estrato de pura oralidade". Cito o começo: "eu, João, seu brother velho de guerra, tava um domingo na ilha quando ouvi atrás de mim uma voz possante feito uma trombeta".

Folias metafísicas dispara alguns dardos. Um deles, "fortuna crítica", dirigido a certo poeta presunçoso: "sonhou sonhos de poder & glória [...] foi morar num palácio do Parnaso [...] não passava de um novo-rilke". O alvo preferencial, todavia, é Olavo Bilac, a ocupar uma seção inteira do livro ("I'll be like Bilac"), num total de nove poemas; no primeiro, a confissão de uma improvável inveja geraldiana: "quisera ser poeta parnasiano/ desses que domam deusas e quimeras"; no último, a pergunta: "to be or not to Bilac", com incisivo desfecho: "BILAC: CALIB/ quase anagrama de Caliban".

Papéis de poesia II

A prática do poema longo e híbrido nos gêneros dramático e narrativo ocupa a totalidade do livro subsequente, publicado no ano 2000: *Por mares nunca dantes*. Obra épico-burlesca, relata as peripécias de ninguém menos do que Luís Vaz de Camões, que, inadvertidamente, cai num buraco negro e desembarca no Rio de Janeiro de hoje, onde vive rumorosas aventuras e desventuras. Grande desafio: recriar a voz do poeta maior da língua. Tarefa propícia ao virtuosismo de Geraldo, à vontade na urdidura de impecáveis decassílabos heroicos, à moda camoniana, mesclados à distensão do verso livre, à informalidade do léxico e da sintaxe das ruas, tudo sob o tempero de um desenvolto humor. Em movimento reverso, nosso poeta, depois de imitar Camões, não hesita em fazer Camões imitá-lo, colocando na boca do bardo português versos de sua lavra: "é daqui mesmo que eu te conheço?/ não? Então de que outro lugar será/ que eu não te conheço?". Como se fosse pouco, Camões ainda recita Shakespeare em tradução do próprio Geraldo: "pareces feita da pequena parte/ de perfeição que há em cada criatura".

O livro, entre outros episódios narra uma incursão do vate lusitano ao "Rio *by night*", ao *bas-fond* dos cabarés da Praça Mauá, na qual ele desembarca "como Vasco da Gama em Calecut", e logo se apaixona por uma senhorita de maus costumes. Por fim, pelos mesmos insondáveis mecanismos e sortilégios com que aportou no Brasil, o poeta português é subitamente devolvido ao Cabo das Tormentas, de onde se extraviara, num trecho de rara bela plástica e melódica: "agora ouvia o canto das esferas/ palavras navegadas nunca dantes/ onde antes era só algaravia/ agora via o sol das não estrelas,/ a caravela ao sul da Via-Láctea/ o sopro de outras praias epopeias/ soprando a caravela e suas asas/ por sorte ou sortilégio das palavras". No posfácio à obra, escreve o autor: "atrevo-me a suspeitar que o velho Camões teria tido gosto de conhecer este país pitoresco e extravagante. [...] Talvez também encontrasse encanto em experimentar a modalidade do português que nós, almas brasílicas, praticamos aqui, com nossos gerúndios e neologismos tão à feição do bardo".

Em 2002, um heterônimo de Geraldo, Caroline Gebara, reincidiu na trilha bilaquiana. Em poema intitulado "balanço da bossa", referiu-se a "Olavinho Monteiro de Bilac/ com seus balangandãs e babilaques,/ nas babilônias dos seus carnavais". No mesmo ano vem a lume a *Lira dos cinquent'anos*. Sem abdicar do veio irônico – há três textos dedicados a nosso "Príncipe dos poetas", dentre os quais "rejubilac" – intensifica-se em Geraldo a linha meditativo-introspectiva. Cito, colhidos em diversos poemas: "ao longo desses anos fez mil planos,/ quase todos ainda irrealizados. [...] mas continua crédulo e cretino,/ e ainda pior: repleto de esperanças./ em suma, continua acreditando/ que a realidade é uma alucinação/ criada pela falta de utopia"; "sultão da solidão sempre serei/ à espera da sereia e seus cantos/ emaranhado nesse mar de espantos/ vivendo só às custas dos meus sonhos"; "espero um mínimo de lucidez/ na dança dos meus ventos invernais,/ embora isso pareça-me improvável/ por falta de navio, âncora e cais". Sempre sobra, porém, algum espaço para a descontração, nos galanteios de "como fazer florescer a flor": "o que está fora de questão é amar-te/ mesmo que fosse em Vênus ou em Marte;/ mas, se eu pudesse escolher, acredite,/ escolheria o reino de Afrodite".

É de 2006 a coletânea *Balada do impostor*. Nela, amor/humor compõem dupla mais amarga, conforme se lê em "reciprocidade – "o amor/ desfaz/ a noção/ do tempo./ o tempo/ desfaz/ a noção/ do amor" – e em "o tal total": "o amor é o tal total que move o mundo/ a tal totalidade tautológica [...] e as nossas

Papéis de poesia II

mágoas ficam revoando/ como se revoltadas ao princípio [...] o cais, o never more, o nunca mais/ o tal do és pó e ao pó retornarás". O obsedante Olavo Bilac retorna em cinco poemas "psicografados" por Geraldo, quatro deles em língua inglesa, em que nosso parnasiano lastima a parca notoriedade que lhe adveio em decorrência de ter versejado em português.

Na *Balada*, a vertente autorreflexiva se revela mais crispada: "meu coração inventa seus abismos/ à revelia do que eu queira ser". Ou ainda: "a minha face vai se esfacelando"; "raras vezes concordo comigo"; "nos meus piores dias sou eu mesmo". Não por acaso, o tópico do naufrágio, a que me referi no início desta fala, atinge seu maior grau de incidência, presente em seis poemas, dos quais extraio um verso-síntese: "sou eu na vastidão dos meus naufrágios".

Em "autorretrato", lê-se: "hoje me reconheço mais nos outros/ poetas que frequento desde sempre./ a face deles segue imperturbada/ enquanto eu sofro as erosões do tempo". Reconhecer-se nos outros. Quem sabe a poesia de Geraldo Carneiro não aspire a elaborar um mosaico pessoal composto dessas "pequenas partes de perfeição" que há em cada poeta? No caso de Shakespeare, sua imensa parte de perfeição motivou Geraldo a lançar, em 2012, *O discurso do amor rasgado*, compilação, dedicada a Ana Paula Pedro, de suas magníficas traduções de sonetos e fragmentos teatrais do autor inglês.

Finalmente, em 2016, publicou a antologia *Subúrbios da galáxia*. Dimensionando nossa insigne insignificância de suburbanos cósmicos, Geraldo deixa entrever que, na escala galáctica do universo, o homem não passa de um reles vira-láctea.

À guisa de bônus, o livro se conclui pela inédita, anárquica e antropofágica "Fabulosa jornada ao Rio de Janeiro", um "rap-rapsódia exaltação" aos 450 anos desta cidade, texto em que o poeta desconstrói os mitos heroicos de sua fundação, revelando as agruras e os prazeres vivenciados pelo narrador-protagonista, o português Brás Fragoso, habitante no século XVI de uma terra carioca então sujeita a saraivadas de flechas perdidas.

Querido e coevo Geraldo, neste momento dirijo-me diretamente a você.

A festiva posse de hoje na Academia Brasileira de Letras representa a feliz convergência entre sua pretensão de nela ingressar e o desejo dos acadêmicos de que você a nós se unisse, conforme manifesto em votação unânime.

Num poema, você declarou: "só me interessam os deuses da alegria". É bom imaginar que agora eles aqui estejam, iluminando você, iluminados por seus versos.

Bem-vindo. Escritor brasileiro, mineiro, você é igualmente, e desde muito, um grande poeta carioca.

No epílogo deste discurso, para homenageá-lo, procurei uma frase que pudesse reunir e resumir seu amor à música, à cidade, aos jogos de linguagem. Por isso, só me resta dizer: o Rio de Carneiro continua lindo; Rio de janeiro, fevereiro e 31 de março.

Rio de Janeiro, 31 de março de 2017

Gilberto Mil

Poetas, sorrateiros ou antenados, acorrei, é chegada a hora de descrever e contar talvez as feiticeiras noites de luar. Magia de versos e luzes que emanam do acadêmico hoje acolhido por esta Casa.[1] Iluminado como a lua, mas, decerto, sem ser um satélite. Iluminador como o sol, por ser uma estrela, todavia não de sexta, e sim de primeira grandeza. Ele é recebido na Casa de Machado de Assis, mas também Casa de José do Patrocínio, dom Silvério Gomes Pimenta, Pereira da Silva, João do Rio, Domício Proença Filho, de tantos, enfim, que na história da Academia marcaram e marcam, de modo indelével, a benfazeja herança da diversidade e a força da afrodescendência para a cultura e as letras do país. Todos eleitos pelo critério da qualidade, numa instituição que, desde as origens, sempre foi plural no que se refere a etnias, classes sociais, orientações de sexualidade e posicionamentos ideológicos, e cuja maior barreira — a de gênero — foi transposta em 1977, com a eleição de uma mulher, Rachel de Queiroz, para o

---

1 Discurso de recepção a Gilberto Gil, na Academia Brasileira de Letras, Rio de Janeiro, 08.4.2022.

quadro acadêmico, numa justa e tardia concretização de uma demanda que se prolongava por décadas.

Se unirmos numa sequência seus dois nomes, o artístico e o civil – Gilberto Gil/Gilberto Passos Gil Moreira – o resultado será um verso de doze sílabas, um alexandrino perfeito, comprovando que já na identidade o artista apresenta suas credenciais de régua e compasso. E por vezes o nome prenuncia vocação e destino, pois, segundo o dicionarista Antenor Nascentes, uma das etimologias de "Gilberto" é a de "companheiro ilustre".

Premonitoriamente, em 1858, o poeta maranhense Sousândrade, na estrofe 72 do canto X do poema *O Guesa*, no episódio "O inferno de Wall Street", escreveu: "Gil engendra em Gil rouxinol", musicado, com o título de "Gilberto misterioso", pelo compositor Caetano Veloso em 1972. Se os leitores do século XIX nada entenderam, os de hoje podem usufruir o verso em duas acepções. Primeira: Gil se engendra, ou seja, constrói a si, e se metamorfoseia pela música num rouxinol. Além disso, ele igualmente inventa fora de si esse pássaro, numa canção de 1975, em parceria com Jorge Mautner: "Joguei no céu o meu anzol/ Pra pescar o sol/ Mas tudo que eu pesquei/ Foi um rouxinol". Ora, sendo o poeta um rouxinol, ao pescar a si mesmo num outro, o cantor e o objeto do canto, em relação especular, fundem-se numa só unidade. Transforma-se o pescador na coisa pescada.

No discurso que há pouco ouvimos, o novo acadêmico nos proporcionou prazerosa viagem pelos itinerários dos seus antecessores. Gostaria apenas de sublinhar a incidência de uma irmandade clandestina que congrega os nomes da cadeira em torno de três eixos, diretamente vinculados a Gilberto Gil: a música, a poesia e o Nordeste.

Papéis de poesia II

Senão, observemos: o patrono Joaquim Manuel de Macedo foi libretista, ou letrista, da ópera *O fantasma branco*, de 1863. A música é elemento de relevo na sua mais famosa obra, *A moreninha*, de 1844. Uma balada de 22 estrofes e 132 versos ocupa na íntegra o capítulo X desse romance. O primeiro ocupante da cadeira, embora fluminense, de modo transversal se relaciona a Gil, através do nome — Salvador, não da Bahia, mas, no caso, de Mendonça. Salvador de Mendonça e Joaquim Manuel de Macedo nasceram na mesma cidade, o que deve gerar grave crise de ciúmes em dezenas de municípios do Rio de Janeiro, que não podem se ufanar de serem o berço de ao menos um acadêmico, enquanto a modesta Itaboraí, sozinha, ostenta um patrono e um fundador. Na sequência, Emílio de Menezes. Se fôssemos enquadrá-lo nos regimes do funcionalismo público, diríamos que Emílio foi poeta em tempo integral e boêmio em dedicação exclusiva. Sua estreia, em 1893, deu-se com um folheto cujo título se reporta à música: *Marcha fúnebre*. Os dois acadêmicos seguintes, Humberto de Campos e Múcio Leão, foram poetas eventuais; todavia, iniciaram, a partir de 1919, ano da eleição de Humberto, uma tradição mais do que centenária, e que hoje se reitera: a nordestinidade da cadeira. Com efeito, na sequência do maranhense Humberto de Campos, foram eleitos o pernambucano Múcio Leão, o paraibano Aurélio de Lira Tavares e o norte-rio-grandense Murilo Melo Filho.

Lancei-me a pesquisas para associar Lira Tavares, de algum modo, ao campo da poesia, pois consta, sem comprovação, que teria escrito versos sob o singelo pseudônimo de Adelita. Tais arroubos poéticos, pelo que pude apurar, caso tenham ocorrido, jamais chegaram ao livro, dispersando-se talvez, como "pecados da juventude", em velhos jornais dos Estados ou da

Capital Federal. Ainda assim, a poesia não escapou incólume de, no mínimo, uma investida de Lira Tavares, pois ele, municiado pelos eflúvios das musas militares, foi o letrista da "Canção da Arma de Engenharia", cujos dois primeiros versos sentenciam: "Quer na paz, quer na guerra, a Engenharia/ Fulgura, sobranceira, em nossa história".

Na convergência de música, poesia e origem nordestina, chegamos à figura-síntese de Gilberto Gil.

A Bahia, que já estava toda prosa com toda a prosa de Antônio Torres, nesta cerimônia celebra toda a poesia de Gilberto Gil. Ele passa a ocupar a cadeira 20 no ano de 2022-20-22. Como sou atento a combinações e sortilégios numéricos, não posso deixar de referir que se Gil assumisse a cadeira não hoje, mas daqui a exatas duas semanas, no dia 22 do ano 22, ele chegaria, 200 anos antes do previsto, à meta de 2222, em seu expresso desejo de sair direto do bom sucesso de sua carreira para depois: o desembarque na ABL.

Foram precoces no pequeno Gil tanto a vocação acadêmica quanto a musical, pois, aos 6 anos, ei-lo matriculado numa academia de acordeom. Tocou esse instrumento em sua primeira gravação, a toada "Bem devagar". Ressaltemos que a letra, apesar do título, não se refere à injusta e persistente fama de que a maioria dos filhos da Bahia cultiva o malemolente pecado da preguiça. Consta, inclusive, que alguns, em protesto, pensaram em criar um movimento contra essa tese, mas tiveram preguiça de levá-lo adiante. A canção foi gravada pelo conjunto "As três baianas", em 1962. Portanto, em 2022 Gilberto Gil não comemora apenas 80 anos de idade, mas também 60 anos de carreira musical. Carreira que se traduz em números superlativos: cerca de 60 discos gravados, 600 composições, e a impressionante marca de 4.400.000 resultados nos mecanismos de busca por seu nome na internet.

Em 1967, com "Domingo no parque", atuou na linha de frente da renovação da música popular, pela incorporação de ritmos e de instrumentos até então ausentes de nosso cancioneiro. Engajou-se na criação da Tropicália, movimento que extrapolou o domínio musical para, numa visada irônica e crítica, abarcar também o cinema, o teatro, as artes plásticas. Não por acaso, uma encenação como *O rei da vela*, de Zé Celso Martinez Corrêa (1967) e um filme como *Macunaíma*, de Joaquim Pedro de Andrade (1969), constituíram-se em releituras tropicalisticamente provocativas dos dois mais afamados participantes da Semana de Arte Moderna de 1922, Oswald de Andrade e Mário de Andrade.

Paralelamente à trajetória musical, consensualmente reconhecida como uma das mais importantes da história da MPB, Gil sempre se revelou um pensador agudo de questões centrais da cultura brasileira, e igualmente um desassombrado homem de ação.

Preso em 1969, compelido ao exílio pela ditadura militar, retornou ao país em 1972. Na década seguinte, iniciou seu trabalho como político e gestor cultural, em Salvador, no ano de 1987, no cargo de presidente da Fundação Gregório de Matos, equivalente ao posto de Secretário de Cultura. Ocupou-se de projetos para a regularização de terreiros de candomblé. Chefiou uma excursão ao Benin, em companhia do artista plástico Carybé e da ialorixá Mãe Stella de Oxóssi. No retorno à Bahia, criou a casa do Benin, no Pelourinho. Impedido pelas antigas lideranças políticas do Estado de candidatar-se à prefeitura, concorreu à Câmara Municipal e tornou-se o vereador baiano mais votado na eleição de 1988: o autor do "Expresso 2222" obteve expressivos I I I I I votos, numa perfeita simetria numérica. Em 2003, no primeiro governo Lula, assumiu o Ministério da Cultura. No discurso de posse, definiu-se como "um artista que nasceu dos solos mais generosos de nossa cultura popular, e que, como o seu povo, jamais abriu mão da aventura, do fascínio e do desafio do novo". Num comentário, infelizmente extensivo aos dias de hoje, lamentou uma realidade "em que discursos ferozes e estandartes bélicos se ouriçam planetariamente". Exaltou as marcas de nossa formação cultural: "Somos um povo mestiço que vem criando, ao longo dos séculos, uma cultura essencialmente sincrética [...] ao mesmo tempo, essa cultura é una: cultura tropical sincrética tecida ao abrigo e à luz da língua portuguesa". Arrematou, incisivo: "O Brasil não pode continuar sendo sinônimo de uma aventura generosa, mas sempre interrompida". E formulou uma diretriz pragmática à sua missão ministerial: "avivar o velho e atiçar o novo. Porque a cultura brasileira não pode ser pensada fora desse jogo, dessa dialética permanente entre a tradição e a invenção".

Essa perspectiva, ampla, ecumênica, dissolve hierarquias e congrega alteridades. Não mais o grito, que neste salão ecoou em 1924, na voz de Graça Aranha: "Morra a Grécia!". Não, viva a Grécia, sejamos os primeiros neo-helenos. Mas que Pindorama e a África também estejam aqui, afrodionisíaca mistura de cores, sons, texturas, pensamentos, palavras, epidermes e poemas, sob as bênçãos de Zeus dançando com Iemanjá, ao som do chocalho de Tupã. Africósmica Bahia-Brasil, não só a Bahia de Todos os Santos, mas a Bahia de todos os cantos: os católicos, da procissão "se arrastando que nem cobra pelo chão"; dos cantos e pontos do candomblé e do afoxé dos Filhos de Gandhy. Bahia de todos os santos e de todos os sonhos, a começar pelos da liberdade, comemorada na proclamação da independência da então província baiana, em 2 de julho de 1823.

Embora não se deva dissociar o criador do homem público, é enquanto artista – artista do verso, artista da música – que Gilberto Gil entra para esta Casa, na condição de primeiro compositor eleito em 125 anos de ABL. Não como o primeiro letrista, porque, para nosso júbilo, atualmente contamos no quadro acadêmico com as preciosas presenças de Antonio Cicero e de Geraldo Carneiro, ambos também autores de livros de poemas, enquanto Gil é autor de livro de canções.

Recordo Homero, que, há quase três mil anos, fundou a literatura ocidental. Eis o primeiro dos 15693 versos da *Ilíada*: "Canta, ó musa, a cólera de Aquiles". A canção está na raiz da poesia, embora não tenhamos registro da melodia grega que a acompanhava.

Também rememoro os versos 1 e 15 de *Os lusíadas,* de Camões, poema que, em 1572, estabeleceu a moderna língua portuguesa: "As armas e os barões assinalados"; "Cantando espalharei por toda parte".

A primeira obra publicada de autor brasileiro, em 1705, se intitula *Música do Parnaso,* e o livro, curiosamente, não consta ter sido "escrito", mas "entoado" pelo "capitam mor Manuel Botelho de Oliveira".

Seu conterrâneo e contemporâneo do século XV, o maior nome do nosso barroco, Gregório de Matos, notabilizou-se pela viola de arame que acompanhava, com lundus, a interpretação de seus versos – o crítico Araripe Júnior o denominou "o Homero do lundu".

Antonio Carlos Secchin

No século XVIII, o mulato Domingos Caldas Barbosa fez grande sucesso, circulando entre o Brasil e os salões de Portugal. Sua obra mais famosa, *Viola de Lereno* (1798), apresenta como subtítulo "coleção de cantigas". Todos os seus poemas eram musicados, embora só um tenha deixado partitura. De modo brejeiro, assim escreveu no poema "Doçura de amor": "Cuidei que o gosto de Amor/ Sempre o mesmo gosto fosse,/ Mas um Amor Brasileiro/ Eu não sei por que é mais doce".

Até então, ou o poeta provinha da aristocracia – Botelho, Gregório – ou se apresentava em ambientes aristocráticos – Domingos Caldas Barbosa.

Poesia e música – do povo, para o povo – vão conhecer plena floração no século XIX, com lundus, modinhas e, no último quarto do século, com o maxixe. Gonçalves Dias, Álvares de Azevedo e Castro Alves tiveram poemas musicados, com enorme êxito. O tema invade a ficção, pois a música popular também surge na obra romanesca de Joaquim Manuel de Macedo, Manuel Antônio de Almeida, José de Alencar e Machado de Assis.

O modernismo, assim como efetuou o diálogo entre formas cultas e populares de expressão linguística, estabeleceu conexões entre a música popular e a erudita, conforme o exemplo de Villa-Lobos.

A contribuição dos ritmos nordestinos, em especial o maracatu, foi registrada pelo poeta Ascenso Ferreira, no livro *Catimbó*, de 1927, do qual reproduzo: "Zabumbas de bombos,/ estouro de bombas,/ batuques de ingonos,/ cantigas de banzo,/ ranger de ganzás.../ Loanda, Loanda, aonde estás?".

Cronologicamente mais próximo a nós, coube a Vinicius de Moraes efetuar o trânsito da literatura livresca para o registro

Papéis de poesia II

mais distenso e informal da bossa-nova. No âmbito específico da Academia, não nos esqueçamos de que foram também letristas Guilherme de Almeida, Manuel Bandeira, Ferreira Gullar e Paulo Coelho. João Cabral, mesmo refratário à música, tornou-se parceiro de Chico Buarque. E todas as letras dos principais hinos brasileiros foram escritas por poetas da ABL: "Hino à Bandeira", Olavo Bilac; "Hino da República", Medeiros e Albuquerque; "Hino Nacional", Osório Duque-Estrada.

A geração de Gilberto Gil, marcada pela formação universitária, a partir da década de 1960 é incorporada em definitivo ao quadro dos estudos acadêmicos, tornando-se objeto de dezenas de dissertações e de teses.

Nos debates acerca da natureza dos poemas e das letras, certos preceitos parecem sedimentados: 1) poema e letra não são sinônimos, trata-se de realizações distintas, apesar de operarem com um material linguístico em comum; ambos valem-se de versos, muitas vezes regularmente metrificados e rimados; 2) não há superioridade necessária de uma espécie frente à outra. Várias línguas também utilizam-se de termos diferenciados para bem demarcarem as duas modalidades: em inglês, *poem* e *lyrics*; em francês, *poème* e *paroles*.

A letra não é idêntica, em seus processos, ao poema, nem é inimiga dele, para usurpar-lhe o espaço, como se chegou a temer. As instâncias de produção e de consumo de ambos são diversas. Na letra, a palavra pode prescindir do papel ou da tela, e viver apenas no ar, unida às notas musicais, e assim circular de modo mais irrestrito do que no poema, com o qual, normalmente, costumamos ter uma relação mais íntima e silenciosa.

Grandes letristas são também poetas não porque escrevem poemas, mas porque produzem poesia em suas letras.

Antonio Carlos Secchin

Existem duas frases que apontam para os vínculos estreitos entre a música, a literatura e a vida. Na fraseologia popular, a expressão: "Tudo acaba em samba". E, no campo erudito, um famoso verso de Mallarmé: "Tudo no mundo existe para acabar num livro". Vida alimentada pela música e pela literatura. Caetano Veloso, numa canção, diz que os livros "são como a radiação de um corpo negro/ apontando para a expansão do Universo". Corpo negro que pode ser triplamente interpretado: um corpo cósmico; um corpo negro bailarino, no universo da dança; e o corpo negro da letra deslizando sobre o palco da página branca.

Experimentador de formas, explorador de um largo espectro temático, o cancioneiro de Gilberto Gil assombra pela complexidade e pela amplitude, pautando-se, ao mesmo tempo, por um princípio de clareza e comunicabilidade.

Em sua obra, há temas bastante recorrentes: a metalinguagem; a celebração das multietnias como afirmação antirracista; a alegria; a denúncia social; a busca da transcendência numa realidade que a despreza ou a ignora; as considerações estoicas e serenas sobre a finitude. Leia-se, a respeito, a letra de "Não tenho medo da morte", a seguir parcialmente transcrita, e observe-se a originalidade com que a questão é tratada, num jogo vertiginoso de supostos paradoxos:

Não tenho medo da morte
Mas sim medo de morrer
Qual seria a diferença
Você há de perguntar
É que a morte já é depois
Que eu deixar de respirar

Morrer ainda é aqui
[...]
A morte já é depois
Já não haverá ninguém
Como eu aqui agora
Pensando sobre o além
[...]
Não terei pé nem cabeça
Nem fígado, nem pulmão
Como poderei ter medo, hein
Se não terei coração?

Não tenho medo da morte
Mas medo de morrer, sim
A morte é depois de mim
Mas quem vai morrer sou eu
O derradeiro ato meu
E eu terei de estar presente
Assim como um presidente
Dando posse ao sucessor
Terei de morrer vivendo
Sabendo que já me vou
[...]
Morrer de morte matada
Morrer de morte morrida
Quem sabe eu sinta saudade, hein
Como em qualquer despedida

Entre tantos núcleos temáticos, destaco em Gil a vertente
lírica. Vou limitar-me à análise de uma única peça, reveladora

do alto nível de elaboração oculto sob a aparência de extrema simplicidade. São versos marcados pela delicadeza com que Gilberto Gil envolve e desenvolve o tema da relação amorosa. Refiro-me a "Flora", composta em homenagem à sua mulher, pouco depois de tê-la conhecido em 1979. A letra antevê certeiramente uma longa duração para a vida em comum do casal. Existem outros textos inspirados na musa: "A linha e o linho", "Mar de Copacabana", "Seu olhar", "A faca e o queijo"; nenhum desses, porém registra explicitamente o nome da esposa, o que não lhes diminui a qualidade, em versos como "É a sua vida que eu quero bordar na minha/ Como se eu fosse o pano e você fosse a linha" ("A linha e o linho").

Na coletânea *Todas as letras*, organizada por Carlos Rennó, e cuja terceira edição, ampliada, sairá este ano a tempo dos festejos do octogésimo aniversário de Gil, o poeta comenta: "os elementos e as imagens da canção são todos extraídos do reino vegetal. 'Flora' é como se eu penetrasse no bosque para encontrar a fada". Incluída no elepê *Luar* (1981), de forte impregnação *pop*, sua melodia suave e algo bossa-novística funciona como uma parada para descanso, à margem do caminho principal do disco, e nos desperta a mesma sensação de abrigo, de um doce refúgio, amorosamente celebrado pela letra. Flora, cantada e encantada por Gil, ganhou seu companheiro de estrada. E nós ganhamos esta canção:

Imagino-te já idosa
Frondosa toda a folhagem
Multiplicada a ramagem
De agora

Papéis de poesia II

Tendo tudo transcorrido
Flores e frutos da imagem
Com que faço essa viagem
Pelo reino do teu nome, ó Flora

Imagino-te jaqueira
Postada à beira da estrada
Velha, forte, farta, bela senhora

Pelo chão, muitos caroços
Como que restos dos nossos
Próprios sonhos devorados
Pelo pássaro da aurora, ó Flora
Imagino-te futura
Ainda mais linda, madura
Pura no sabor de amor e de amora

Toda aquela luz acesa
Na doçura e na beleza
Terei sono, com certeza
Debaixo da tua sombra, ó Flora

Citando Sousândrade, diria que "Gil engendra" uma fina carpintaria poética a partir de uma premissa e de uma promessa, contidas na abertura do texto: "Imagino-te já idosa".

A promessa, cumprida e comprida, é manter vivos, e até fortalecidos, o amor e a cumplicidade, não obstante o transcurso triturador do tempo. A premissa é que a viagem para o futuro será, basicamente, abastecida pelo potente combustível da linguagem poética, pois "imaginar", nessa letra, não é apenas pressupor, conjecturar. Imaginar é, antes de tudo, colocar em imagens. Produzir um discurso a partir de um fluxo articulado de metáforas – e aderir a elas, viajar com elas, mais do que se reportar a uma realidade empírica. Como a viagem é em torno de um nome, o leitor atravessa uma floresta de palavras, admira a vegetação, plantada não nas terras da natureza, mas germinada no solo fértil da linguagem. O nome Flora é a matriz de onde brotam as metáforas que se expandem ao longo do texto. Ao metaforizar, no campo da Botânica, a amada, o poeta enfim se habilita a percorrer "as flores e os frutos da imagem", numa paixão sutilmente vivenciada no aconchego das carícias e das pétalas da palavra.

> Nas duas primeiras estrofes –
> Imagino-te já idosa
> Frondosa toda a folhagem
> Multiplicada a ramagem
> De agora
>
> Tendo tudo transcorrido
> Flores e frutos da imagem
> Com que faço essa viagem
> Pelo reino do teu nome, ó Flora

– a árvore não é nomeada, ao contrário da "jaqueira", da estrofe seguinte. Projetada num futuro despojado dos traços da juventude (ou seja, sem exibir a "ramagem de agora"), ela passará, depois, a dispor de atrativos invisíveis e inviáveis no presente: só tardiamente conseguirá ser "frondosa" e "multiplicada". Ao pré-valorizar o envelhecimento, Gil escapa da pressão

Papéis de poesia II

premente, quase compulsória, do *carpe diem*, em prol de um inesperado *carpe noctem*.

> A seguir,
> Imagino-te jaqueira
> Postada à beira da estrada
> Velha, forte, farta, bela senhora
>
> Pelo chão, muitos caroços
> Como que restos dos nossos
> Próprios sonhos devorados
> Pelo pássaro da aurora, ó Flora

a particularização em "jaqueira" da árvore inespecífica no início
da letra não é arbitrária. Além de a jaqueira cumprir o requisito
de ostentar ampla ramagem, ela, enquanto signo verbal, acrescenta ao texto um sentido diretamente vinculado ao mundo dos
afetos, pela presença, em seu interior, do verbo querer: ja*quer*a.
Observe-se o perfeito paralelismo entre os versos iniciais de
ambas as estrofes: "Imagino-te já idosa"/ "Imagino-te jaqueira".
A reiteração do "já", em idêntico posicionamento frasal nos dois
versos, abre a possibilidade de se fragmentar formal e semanti-
camente a palavra "jaqueira". O próprio texto, à frente, vai fornecer mais um subsídio para corroborar essa hipótese de leitura.

O feminino é generoso, receptivo. Se o poeta é o caminhante,
ainda que o seja numa via que desemboca não num espaço, mas
num tempo futuro, a mulher é o ponto ou porto de acolhida.

No mesmo diapasão valorizador da velhice, uma rima toante
interna vai aproximar pela fonética dois vocábulos em geral
dissociados pela semântica: "velha/bela". Ademais, a sucessão,

no mesmo verso, de três adjetivos – forte, farta, bela – insere a palavra "velha" numa sequência de total positividade. Vizinha da fortaleza, da fartura e da beleza, a velhice se regenera e se engrandece. Idêntico potencial de revitalização pode ser apontado em "caroços": de início, algo descartado, como inúteis restos de antigos sonhos. Mas tudo se altera se consideramos que os caroços, esses dejetos da árvore, sem a beleza das flores e sem o sabor dos frutos, quando lançados à terra transformam o que era fim em súbito recomeço: morrem como caroços, para renascerem como sementes.

Na conclusão:

Imagino-te futura
Ainda mais linda, madura
Pura no sabor de amor e de amora
Toda aquela luz acesa
Na doçura e na beleza
Terei sono, com certeza
Debaixo da tua sombra, ó Flora

opera-se uma retomada qualitativa de adjetivos, pois "linda" amplia "bela", e "madura" atenua "velha". Além disso, "madura", que, na esfera do humano, destoa do culto extremado à juventude, potencializa-se na escala do vegetal, por ser a madureza o estágio ótimo e mais apetecível de uma fruta.

O ostensivo jogo verbal "amor/*amora*" insere de novo no âmago da palavra o signo do afeto, o amor, conforme o que havíamos destacado a propósito de "jaqueira".

Curiosamente, amora e jaqueira, já irmanadas numa similar função poética, apresentam outra insuspeitada afinidade:

Papéis de poesia II

apesar da enorme desproporção de tamanho entre a amora e a jaca, suas respectivas árvores pertencem à mesma família botânica, a das moráceas. Na escala da Natureza, elas nem chegam exatamente a ser frutas, catalogam-se como frutescência, espécie intermediária caracterizada pela presença de gomos, numa configuração não inteiriça. Um projeto de fruta em progresso, que parou no meio do caminho, ou à beira da estrada evolutiva. Na língua portuguesa, da mesma origem de "amora", existe o termo "mórula": agregado de células decorrente da segmentação do óvulo fecundado. No texto, há um agregado de imagens fecundadas pelo desdobramento do nome "Flora", responsável pela criação de uma dupla noção de doçura: doçura de afetos e de frutas.

Diante de tantas ramificações botânico-poéticas, tive a tentação de sugerir ao poeta que assinasse a letra não como Gilberto Gil, mas como Gilberto Moreira, pois "moreira" é uma variante popular e antiga de "amoreira". Desse modo, antes mesmo de surgir a primeira palavra do texto, o autor já estaria insinuando um recado amoroso, latente em seu próprio sobrenome.

***

Até aqui, falei do recém-acadêmico em terceira pessoa.

Na conclusão do discurso, dirijo-me diretamente a ele – a você, Gilberto Gil.

Num verso famoso, Mário de Andrade contabilizou: "Eu sou trezentos, sou trezentos e cinquenta". Mas, diante de sua obra, Gil, esse total é insuficiente, não expressa a abrangência de sua produção, e tampouco dá conta da sua importância ou

Antonio Carlos Secchin

exprime o nosso respeito pelo seu desempenho na vida artística e cultural do Brasil. A cadeira 20 vai comportar muitos Gilbertos. Por isso, equivoca-se quem supõe que a ABL esteja simplesmente acolhendo Gilberto Gil; na verdade, ao acolhê--lo, ela se engrandece com a chegada do múltiplo Gilberto Mil.

Hoje, dia 8, encontramo-nos, literalmente, regidos pela lua nova. Daqui a três horas, ela já será crescente.

Então, recorrendo à lua, terminemos pelo princípio. Sim, as noites de luar. No começo e no desfecho desta saudação, evocamos a claridade propagada pelas criações do compositor.

A partir de agora, nós, seus confrades, seremos iluminados, com certeza, por toda aquela sua luz acesa, transformada em pura doação de melodia, poesia e beleza.

Salve, Gilberto Gil.

Entrevistas

Entrevista ao *Jornal de Letras*, Portugal

Por que o título *Desdizer* neste livro que contém sua poesia reunida?
Creio que a vocação da poesia é a de "desdizer", descosturar as amarras da linguagem ou as crenças que ela própria, a poesia, estabeleceu. O "dizer" é presunçoso ao acreditar numa palavra inaugural. O "redizer" é preguiçoso, pois apenas retoma, com ou sem variantes, o que já foi expresso. E o "desdizer" atua em ao menos duas frentes: no da palavra alheia, que o poeta ouve com certa desconfiança, e tenta, com maior ou menor acerto, reprocessar num discurso seu; e, mais importante, no terreno de seu próprio discurso. No meu livro, há poemas que acintosamente desautorizam outros, pressupondo uma mobilidade ou contínuo deslizamento de "verdades", que só existem para serem desditas.

O *Desdizer* a ser lançado no dia 11 de maio na biblioteca da Imprensa Nacional é o mesmo publicado no Brasil em 2017?
Não exatamente, a edição portuguesa desdiz um pouco a brasileira (risos), quando esta afirmava ser "definitiva". Aqui e ali

modifiquei versos, além do mais a edição brasileira saiu sem aparato crítico. A da Imprensa Nacional-Casa da Moeda se abre com um percuciente ensaio de Luciano Rosa e comporta ao cabo uma seleção de minha fortuna crítica.

Em sua obra convivem poemas de formas fixas (há muitos sonetos), versos livres e até experimentos de vanguarda. Esse ecletismo não a descaracteriza?
Ao contrário, penso que é exatamente isso que a caracteriza: não seguir os mandamentos formais ou conteudísticos de qualquer matriz que se suponha detentora dos "caminhos" da poesia, que, acredito, é sempre feita de descaminhos e desvios. Considero lamentável a interdição de utilizar certas formas porque elas estariam banidas da modernidade. Por outro lado, creio ser necessário injetar um viés irônico ou desconstrutor na convivência com a herança poética, para evitar que simplesmente a repitamos, e para impedir que seu peso sufoque nossos passos. A fim de superar o legado pretérito, é necessário conhecê-lo muito bem. Sua ignorância a nada conduz. O esforço do poeta deve ser no sentido de tentar construir uma voz própria sem desconhecer as que a circundam ou a precederam. E, uma vez obtida essa voz, não acomodar-se nela, para não ficar prisioneiro de si próprio.

No Brasil, sua atuação no ensaísmo é mais difundida do que sua criação poética. A que atribui isso? É difícil conciliar crítica e poesia?
Tem razão, e, de certo modo, isso ocorre porque, tendo atuado por quase quarenta anos no magistério de literatura brasileira, a demanda/a produção nessa área foi mais intensa e visível.

Papéis de poesia II

Inversamente, fiquei quinze anos sem publicar livro de poesia. Decerto são discursos diferenciados, inclusive porque, se o ponto de partida da poesia é o ilimitado de uma página em branco, o ponto de ignição de um ensaio é previamente delimitado pelo texto ou tema que irá abordar. Mas, em sequência, o veio criativo pode manifestar-se em ambos os discursos. Uma leitura original de um poema cria, a rigor, um segundo poema, e às vezes até melhor do que o poema "original". Certa feita, observei que o autor é o proprietário do texto, mas não é proprietário do sentido do texto, mais sábio e inteligente do que seu autor.

Como avalia a poesia portuguesa contemporânea?
Admiro vários de seus nomes, mas não os enumero para que os omitidos não vejam desvalorização onde pode ter havido apenas desconhecimento. Um grave problema é que, no Brasil, mesmo os "clássicos" da modernidade portuguesa não se publicam, ou se publicam pouquíssimo. Somente em 2018 – 14 anos após o falecimento da autora – a grande Sophia de Mello Breyner Andresen[1] ganhará uma antologia no Brasil. Uma seleta de Eugénio de Andrade, a única de que dispomos, só foi lançada à beira do século XXI! E o que dizer da obra de um Manuel António Pina, que, apesar de ganhador do Prémio Camões (num ano em que honrosamente integrei o júri), permanece inédito entre nós?[2]

---

1 *Poemas escolhidos*, Vilma Arêas (Org.), 2004 e *Coral e outros poemas*, Eucanaã Ferraz (Org.), 2018, ambos publicados pela Companhia das Letras, São Paulo. [N.E.]

2 Em 2018, a Editora 34 publicou *O coração pronto para o roubo: poemas escolhidos*, Manuel António Pina, Leonardo Gandolfi (Org.). [N.E.]

Antonio Carlos Secchin

Por falar em Prémio Camões, outro ganhador foi João Cabral de Melo Neto, o autor que você mais estudou. Percebe alguma influência dele no que faz?

De fato, estudei por décadas a poesia de Cabral, de que resultou, em 2014, o livro *João Cabral: uma fala só lâmina*, em que analiso, sequencialmente, os 20 livros do poeta, talvez ainda não conhecido pelo leitor português em sua enorme dimensão, apesar de aqui haver publicado, por Guimarães Editores, o livro *Quaderna* (1960); pela Portugália, *Poemas escolhidos* (1963) e pela Imprensa Nacional-Casa da Moeda a *Poesia completa* (1986). Após sua morte, saiu pela Glaciar, em 2014, edição ampliada da *Poesia completa*. Diplomata, João Cabral serviu no Porto, foi amigo do notável professor e pesquisador das letras brasileiras Arnaldo Saraiva. O estilo cabralino é tão forte que sua obra não deixou herdeiros, mas apenas epígonos e imitadores, que em geral o mimetizam nas exterioridades mais óbvias. Estudei-o muito, sim, mas, exceto a genérica "lição de rigor" que emana de sua poesia, não creio que ela tenha marcado a minha. Na verdade, e paradoxalmente, acho que um poeta aprende mais com os maus poetas do que com os bons; naqueles, observa o que *não* deve ser feito; nestes, constata o que já foi bem-feito, mas, se já o foi, para que lhe serve a lição? Para ser repetida pelo aluno? Prefiramos, então, o original.

Como se sentiu sendo eleito, em 2003, o mais jovem imortal da Academia Brasileira de Letras? Como vê a atuação da Academia no cenário cultural do Brasil?

Não me considerei o mais jovem, pois, se somos imortais, temos todos a mesma idade, ou melhor, a mesma não idade eterna. Brincadeira à parte, gostaria que minha imortalidade conseguisse

Papéis de poesia II

durar mais uns trinta anos (risos). É muito grande o peso da Academia no imaginário brasileiro, para o bem e para o mal, despertando paixões e ódios – o que demonstra sua vitalidade. Ódio, em geral, oriundo de má-fé ou desconhecimento, quando a caracterizam como um grupo de velhinhos que se reúne para tomar chá à custa do dinheiro público. Nada mais falso. A Academia tem meios próprios de subsistência, é independente da verba e do poder públicos, congrega membros das mais variadas tendências políticas. É conservadora? Sim, é *também* conservadora, pois, estatutariamente, desde os tempos de Machado de Assis, compete-lhe zelar pela "cultura da língua e da literatura nacional". Ser guardiã da memória cultural é algo deplorável? É um estigma? Deveríamos desprezar livros e documentos antigos? Deveríamos fechar os museus por obsoletos, ao preservarem a herança do passado? Por outro lado, ignora-se seletivamente (nos casos de má-fé) a conexão da ABL com a contemporaneidade, em especial por meio de debates e mesas-redondas em que são discutidos temas presentes e prementes, nas transmissões ao vivo pelo portal www.academia.org.br. Silencia-se que a Academia mantém as portas abertas para pesquisadores em seus muito bem equipados Arquivos e Bibliotecas. Omite-se que a instituição apresenta mensalmente espetáculos de música popular e clássica. E tudo isso a custo zero para o público, pois todas essas atividades são 100% gratuitas.

O que a literatura portuguesa representou em sua formação? Muitíssimo. Aliás, meus vínculos com Portugal vão solidificar-se ainda mais, com a obtenção, em vias de ser concretizada, da cidadania portuguesa. Meu avô materno, José Fuzeira, era natural de Évora. Só vou estranhar no meu nome a substituição do acento circunflexo pelo agudo, quando eu me tornar "António", mas oscilar entre agudo e circunflexo não é grave (risos). Na Faculdade de Letras da Universidade Federal do Rio de Janeiro, a literatura portuguesa tem o mesmo relevo da brasileira – idêntico número (elevado) de horas de ensino e de cursos obrigatórios. Seria desejável que a tendência recíproca, não sendo de todo exequível, ao menos cuidasse de atenuar a posição secundária das letras do Brasil na grade curricular das Faculdades de Letras lusitanas. Somente por uma casualidade deixei de ser professor de literatura portuguesa, o que me daria grande gosto, mas senti-me realizado no magistério de literatura brasileira, efetuando, sempre que possível, pontes e conexões entre ambas.

Entrevistas sobre João Cabral em 2020

No centenário de João Cabral de Melo Neto, o que faz dele um escritor tão atual? Qual seu principal legado para a literatura brasileira?

É grande o legado de João Cabral, mas, entre tantas coisas que produziu, destaco a qualidade de sua poesia engajada contra as injustiças sociais que vitimam o país. Poesia de alto nível, que, sendo socialmente empenhada, é também, e sobretudo, comprometida com um alto grau de realização artística. Para ele, poesia engajada não era sinônimo de facilidade retórica e demagogia.

Sua tese *João Cabral: a poesia do menos* fala de um poeta que busca abrir mão da subjetividade e do confessionalismo. Como isso se expressa na obra dele?

De início, pela quase ausência da primeira pessoa do singular, do "eu", à contracorrente de nossa tradição lírica. E, em consequência, pelo fato de que em sua poesia o lugar de destaque é ocupado pelo "outro", sejam pessoas (em especial, nordestinas ou espanholas), sejam objetos (a pedra, o rio, o sol, o canavial).

Como definiria quem foi João Cabral de Melo Neto? Como essa busca por encontrar a si mesmo se manifesta em sua trajetória poética?

Todo poeta busca a si mesmo, mas creio que só faz grande poesia quando não se encontra. O encontro é sempre apaziguador, a obra de Cabral se traduz numa poesia de constante atrito e conflito com a precariedade do real.

No ano de comemoração do centenário de João Cabral, serão lançadas algumas obras de teor antológico, fotobiográfico, assim como as duas edições propostas pelo selo Alfaguara, do Grupo Companhia das Letras. Como organizador da poesia completa dele, como você avalia a importância de lançar esse olhar sobre a obra do escritor?

Um poeta da grandeza de João Cabral não depende das comemorações do centenário, mas a efeméride é sempre um bom gancho para voltarmos à sua obra, ainda mais em edições que prometem ser tão bem cuidadas e portadoras de novas perspectivas sobre sua produção.

Será publicado algum texto inédito? Como foi o processo de organização da obra, a sua experiência com o manuseio dos textos?

Vamos distinguir duas publicações com que estou envolvido. Pela Cepe – Companhia Editora de Pernambuco, sairá o conjunto de todos os ensaios que escrevi sobre o poeta, incluindo material inédito; o livro se chama *João Cabral de ponta a ponta*, é versão ampliada de livros anteriores. Estudo todas as 20 obras poéticas do autor, daí o título "de ponta a ponta". Pela Alfaguara, sairá um volume com a *Poesia completa*. Conto com a

Papéis de poesia II

preciosa colaboração da professora Edneia Ribeiro, responsável pela seção de "Inéditos e dispersos", revelando aos leitores mais de 50 poemas inteira (os inéditos) ou quase inteiramente (os dispersos) desconhecidos.

Quais as características da escrita de João Cabral de Melo Neto, na prosa e na poesia?
Ele confessava ter dificuldades na prosa, mas ainda assim deve sair pela Editora Alfaguara um alentado volume com seus ensaios e entrevistas. Curiosamente, se sua poesia se caracteriza pela quase ausência da primeira pessoa do singular, pela aversão ao confessionalismo na busca de uma "antilira" contrária ao lirismo tradicional em língua portuguesa, nas entrevistas ele não se negava a fornecer muitas informações biográficas. O artista nunca consegue fugir de si, ainda que, no caso da poesia dele, esse eu se transforme num "ele", ou num "outro", que indiretamente o representa.

Mesmo falecido há vinte anos, o autor continua a fascinar gerações de leitores. A seu ver, o que na obra de Cabral mantém essa admiração?
A meu ver, esse rigor de construção e contenção, algo raro na poesia brasileira, muito povoada dos adeptos da pura "inspiração", sem domínio técnico. E, quanto ao conteúdo, as chagas sociais que ele denunciou há meio século continuam, infelizmente, abertas.

Nascido em Pernambuco, morou em vários lugares. De que forma estes lugares influenciaram em sua literatura, tanto na prosa quanto na poesia?

207

Tanto na prosa quanto na poesia, se ele saiu de Pernambuco, Pernambuco jamais saiu dele. Mas o poeta uniu-se também ao fascínio da arte *gitana*, compondo uma espécie de par ideal, em que o princípio da máscula resistência ao real era representado por Pernambuco e o da sedução e do aconchego femininos cabiam à Andaluzia.

Como era a relação de João Cabral com os autores brasileiros da época?
Algo restrito. Foi amigo, até certo período da vida, de Drummond. Amigo também de Murilo Mendes e de Lêdo Ivo. Poucos autores brasileiros são homenageados em sua poesia. Alegava que, sendo diplomata, com vida no Exterior, não podia acompanhar o que aqui se produzia. A grande exceção foi o também poeta pernambucano Joaquim Cardozo, a quem considerava um mestre, e a quem dedicou numerosos poemas.

Pode falar da amizade do autor com o artista plástico Joan Miró?
Conheceram-se em Barcelona, no primeiro posto diplomático de Cabral. Lá, ele se juntou a artistas de vanguarda e, em 1950, publicou um precioso livro, *Joan Miró*, com gravuras originais do pintor catalão, em tiragem de apenas 130 exemplares. Trata-se do mais longo ensaio que escreveu, uma atilada interpretação da pintura de Miró, e muita coisa que ele destaca no pintor poderia ser transposta para sua própria produção poética.

Sobre o livro de poesia completa do autor, com sua organização, e que será lançado neste primeiro semestre. Como foi organizar este trabalho, de que forma foi organizado, quantos

Papéis de poesia II

poemas estão no livro. Foi surpreendido por algum poema em especial? Qual?

Já organizei duas edições da poesia completa de Cabral, uma em 2008, para a Nova Aguilar, outra em 2014, para a Glaciar, de Portugal, em convênio com a ABL. A ideia é fazer na Alfaguara a edição o menos imperfeita possível, corrigindo os cochilos detectados nas anteriores. Quando preparei a de 2008, corrigi mais de 400 erros da publicação que precedeu a minha! Agora, felizmente, o número de alterações tende a ser mínimo. Duas novidades: vou introduzir várias correções que o poeta deixou assinaladas e nunca foram aproveitadas. E a professora Edneia Ribeiro está se ocupando de uma seção de "Dispersos e inéditos" que acrescentará cerca de 50 poemas ao conjunto conhecido de sua obra.

Sobre o lançamento de *João Cabral de ponta a ponta*, quais as novidades desta edição?

Em 2014, saiu pela Cosac Naify *João Cabral: uma fala só lâmina*. Com o fechamento da editora, o livro desapareceu, só sendo visto nos sites de sebos a preços extorsivos. A Cepe – Companhia Editora de Pernambuco convidou-me para reeditá-lo, e tratei de acrescentar o que, infelizmente, não pôde constar, por decisão da Cosac, do livro de 2014: uma substancial entrevista que o poeta me concedeu, no dia em que nos conhecemos, em 1980; uma palestra, creio que a última de sua vida, que proferiu, a meu convite, na Faculdade de Letras da UFRJ, seguida de debate, em junho de 1993; um caderno de imagens, com preciosas dedicatórias do poeta. Acrescentei um ensaio inédito, estudando as complexas relações dele com Drummond, da afinidade inicial ao afastamento a partir de meados da década de 1950. E, por fim, o livro vai sair com o título que eu preferia tivesse sido o adotado já em 2014: de ponta a ponta, não só pela relevância da "ponta", da "faca", da agudeza na obra do poeta, mas porque, estudando-a desde o primeiro até o vigésimo e derradeiro livro de sua lavra, eu a percorro, literalmente, "de ponta a ponta".

Como o período que João Cabral morou na Espanha influenciou sua obra?
A temporada na Andaluzia despertou em Cabral o interesse por manifestações populares da cultura, como o canto cigano e as touradas. E foi somente a partir da experiência espanhola que o erotismo passou a marcar presença em sua produção.

Além do centenário do poeta, *Morte e vida severina* completa 65 anos. É possivelmente a obra mais conhecida do autor. Qual a importância dela para a poesia brasileira?
Imensa importância, talvez o maior sucesso editorial da história da poesia brasileira, provavelmente com mais de 100 edições. É uma demonstração de que alta poesia e grande comunicabilidade podem andar juntas.

Quando lemos João Cabral parece que estamos lendo um poeta que acabou inventando uma língua, uma língua-linguagem muito própria, seca, áspera, dentro da língua em que se diz. Como você percebe a língua de João Cabral? Essa seria uma das características que o faz um dos poetas mais originais no âmbito da iberolusofonia, o grande poeta brasileiro da Espanha e do Brasil ao mesmo tempo?
Certa vez escrevi que há poetas importantes, que acrescentam capítulos à história da literatura de seu país. E há outros, mais

Papéis de poesia II

raros, que, em vez de capítulos, escrevem nova gramática. É o caso de João Cabral. Não podemos apreciá-lo utilizando os mesmos parâmetros com que lemos os outros.

Caetano Veloso diz numa letra que João Cabral não gosta de música. Mas Cabral gostava do *cante a palo seco*, da música *gitana*. A poesia de João Cabral é considerada antimusical se comparada à musicalidade da poesia romântica ou simbolista. No entanto, tem uma música própria, feita de rimas toantes e outros recursos que não deixam de ter uma musicalidade particular, diferente, cabralina. Como você percebe a música na poesia de João Cabral?

Sim, a poesia de João Cabral, na relação com a música, valoriza o ritmo, em detrimento da melodia, que ele considerava anestésica. No campo da melodia, estariam as aliterações, as assonâncias, as rimas "convencionais", ditas consoantes. No ritmo, os paralelismos, o jogo de metrificação alternando versos de medida regular e irregular num mesmo poema etc. Se o poema necessariamente implica ritmo, não precisa implicar melodia.

João Cabral morou em vários países a serviço da diplomacia brasileira. Esteve por dois anos no Paraguai, mas o país onde permaneceu mais tempo, a Espanha, foi também o país que o impactou e mais influenciou sua poesia. Ele mesmo disse uma vez que o espanhol era a língua mais concreta do mundo. Como você percebe a influência da Espanha na poesia de João Cabral?

Ele afirmava que a literatura espanhola, desde as origens, apresentava tendência à representação concreta, material, do mundo, o que ia ao encontro de seus objetivos, ao contrário da tradição poética em português, que considerava demasiado tributária do lirismo e da subjetividade.

O cão sem plumas é um dos momentos da obra de João Cabral em que a fusão de poesia de qualidade e poesia dita engajada é bem sucedida e não deriva ao panfletário. Quais outros livros dele apresentam essa característica?

Considero esse o maior poema engajado de João Cabral, talvez o maior da literatura brasileira. Com a mesma temática, além do famosíssimo *Morte e vida severina*, apontaria, numa linguagem irônica que chega ao sarcasmo, o livro *Dois parlamentos*, além de vários poemas esparsos, notadamente em *A educação pela pedra*.

A poesia que João Cabral apresenta parece informar também que está mais para a imagem do que para o conceito. Ao invés de dizer, ele prefere mostrar?

Ele declarava que seu ideal, em poesia, poderia ser exemplificado e resumido no título de um livro de Paul Éluard: *Dar a ver (Donner à voir)*.

A potência da poesia de João Cabral também influenciou um grande número de poetas brasileiros que o tomam como modelo poético ou algo por esse estilo. Como você observa esse fenômeno? Há algum discípulo que o tenha superado ou que vale a pena ler?

Costumo dizer que um grande poeta, em geral, não deixa discípulos, e sim imitadores. Foi o caso. Vários poetas subsequentes que o imitaram em suas exterioridades mais óbvias, e, evidentemente, não podiam, por isso, ir além do ponto a que ele chegou.

Papéis de poesia II

Diferente da grande maioria dos poetas brasileiros, Cabral não fala de si em seus poemas; fala sempre das coisas, dos outros; prefere dar a ver do que opinar sobre as coisas, conforme ele mesmo afirmou em entrevistas. Como você percebe a poesia de João Cabral no contexto da literatura brasileira? Considera-o um renovador da poesia no mundo e por quê?

Falar do outro pode ser modo oblíquo de falar de si, refletido naquele outro em que alguém se espelha ou que contesta. Referi que ele acaba compondo uma autobiografia em terceira pessoa. Ele próprio, num poema, acabou admitindo que é impossível a abolição total da subjetividade. De qualquer modo é rara uma poesia quase totalmente voltada para fora, e não para dentro do poeta.

No âmbito latino-americano, ele também é bem diferente, embora tenha muitas afinidades com outro João, Juan Rulfo, que para mim pelo menos é o grande poeta mexicano de todos os tempos, embora não escrevesse poesia... Como você percebe a poesia de João Cabral nesse âmbito latino-americano e mundial ao mesmo tempo?

O lugar de Cabral no âmbito da poesia mundial será determinado pelo filtro da História; pessoalmente, eu o elencaria decerto entre os maiores do século XX. Ele, todavia, declarava ter ambições mais modestas: não se considerava sequer um autor brasileiro, e sim um poeta de Pernambuco, seu estado natal.

Você está organizando um livro com poemas inéditos de João Cabral. O que você pode nos contar sobre esse livro de poemas inéditos? Quais outros livros devem aparecer?

Pela terceira vez organizo a edição da poesia completa do autor, agora pela Alfaguara/Companhia das Letras. Poemas dispersos e inéditos, em torno de 50, localizados pela professora Edneia Ribeiro, integrarão o volume, bem como dois pequenos livros póstumos, um deles inacabado (*A casa de farinha*), jamais incluídos em coletâneas anteriores. Além disso, haverá a reedição, com novas propostas, do livro de ensaios que publiquei sobre a obra dele: chamar-se-á *João Cabral de ponta a ponta*.

João Cabral se considerava um crítico que fazia poesia crítica. O que pode nos dizer sobre esse aspecto de sua poesia imagética e crítica ao mesmo tempo? Como se realiza esse mix na palavra de João Cabral?
Poesia crítica é o título que ele deu para antologia que reuniu sua produção metalinguística. Ele achava que seria crítico porque, na adolescência, a poesia a que tinha acesso era a tradicional. A descoberta dos primeiros livros modernistas de Carlos Drummond de Andrade abriu-lhe caminhos. Descobriu, então, que poderia conciliar olhar criador e olhar crítico num mesmo poema, e o faz como ninguém nas letras brasileiras. Leia-se "Estudos para uma bailadora andaluza", em que inventa esplêndidas imagens em torno da bailadora, para depois desmontá-las, dizendo por que tais imagens não "funcionam".

Ele parecia ter uma série de preceitos básicos que orientavam a sua escrita. Um deles era o "não falar de si mesmo nos poemas". Quais seriam os outros que você pode citar agora?
Ele gostava de citar um comentário de Mário Faustino sobre sua poesia. Faustino dizia que João Cabral era um poeta para quem a História existia, a Geografia existia. Esse obsessão pela

referência concreta é uma de suas marcas. A descrença no mito romântico da "inspiração", outra.

João Cabral vende bem nas livrarias? Apenas os poetas leem poesia no Brasil ou a poesia é lida também por não poetas? Quem lê hoje João Cabral no Brasil? Como vê a edição de sua *Poesia completa* em papel bíblia pela Nova Aguilar?
Poetas vendem mal no mundo inteiro. Poetas são lidos por pequeno público; e agora, com a democratização da internet, podem vangloriar-se de serem não lidos por bilhões de pessoas. Os poucos que sobreviveram/sobrevivem da literatura no Brasil foram/são ficcionistas: Jorge Amado, Erico Verissimo, Paulo Coelho... Na Nova Aguilar, houve duas edições: a de 1994, e a de 2008, que organizei, muito diferente da anterior, mas, como as capas eram parecidas, quase não atentaram para o fato de que se tratava de edições diversas.

As artes visuais também foram importantes para a poesia de João Cabral. Ele frequentava o ateliê de Miró e de outros artistas. O que você pode comentar sobre a relação de João Cabral com as artes visuais?
Ele afirmava que a grande relação de sua poesia era com as artes plásticas, em especial com a pintura, e negava qualquer relação com a música. Daí tantos poemas dedicados a pintores. Tanto ou mais do que Miró, Mondrian era grande referência. O último texto de Cabral, "Pedem-me um poema", fala da impossibilidade de criar, tornando-se cego nos derradeiros anos de vida. Para ele, poesia, além de se ler, era algo para se ver, não para se ouvir. Cego, confessa ter perdido todo o interesse em literatura, como criador ou leitor.

Antonio Carlos Secchin

João Cabral foi um bom tradutor de poesia também. Traduziu catalães e norte-americanos. Há intenção de se organizar um volume com a poesia traduzida por ele?
Cheguei a dar essa sugestão à editora. O elemento complicador são os direitos autorais dos poemas de origem.

Ele também era editor, tinha um ateliê de tipografia. Que material ele editava e publicava e onde circulava o material publicado por ele? O que pode nos contra sobre o João Cabral editor?
Tinha uma prensa manual em Barcelona, e compunha livros em pequenas tiragens, hoje raridades bibliográficas, a conselho médico, para que praticasse exercícios físicos. Publicou basicamente poesia: própria, de poetas espanhóis e de brasileiros de quem era amigo, a exemplo de Lêdo Ivo e Manuel Bandeira, entre outros.

Sabemos que João Cabral não considerava *Morte e vida severina* o seu melhor trabalho. Em qual ou quais livros João Cabral considerava estar o melhor de sua poesia?
Quando lhe fiz essa pergunta, ele me respondeu: *Uma faca só lâmina*, como construção do verso; *A educação pela pedra*, como concepção/construção de livro.

Você é sempre referência quando falamos de Cabral, inclusive assisti a sua entrevista para a GloboNews sobre o centenário. Sei que é uma pergunta que já deve ter respondido inúmeras vezes, mas não tenho como não fazê-la, ainda mais diante do centenário dele... Após tantos anos de estudo, o que João Cabral representa para a literatura do Brasil?

Papéis de poesia II

O autor que permanece é aquele que representa muitas coisas. No caso de Cabral: a consciência de que arte não se resolve em conteúdos, mesmo bem-intencionados, mas na obsessiva atenção à materialidade, à forma do poema; a criação de uma obra que, mesmo falando de seu tempo e de seu lugar, seja capaz de ultrapassá-los pela dimensão universalizante das questões que apresenta; a capacidade de criar uma linguagem própria, em vez de ceder às tentações facilitadoras que são aplaudidas na hora, mas esquecidas pouco depois.

Sobre sua trajetória, enquanto admirador e estudioso de Cabral, como começou?
Sempre gostei da poesia dele, mas foi na França, em 1977, que comecei a estudá-la mais a fundo, para um curso que ministrei em Bordeaux para alunos da pós-graduação. Ali achei que havia encontrado meu poeta, a questão era saber se Cabral pensaria ter encontrado seu crítico (risos). Mas acho que esse encontro, prolongado por décadas, satisfez ambas as partes.

Como você recebeu a notícia de que textos inéditos haviam sido descobertos?
Tive notícia quando li a tese de doutorado de Edneia Ribeiro, que, inclusive, nem colocava tais inéditos como eixo de sua pesquisa. Quando fui convidado para organizar a edição do centenário, de imediato me ocorreu a ideia de integrá-la ao projeto, e sua contribuição será muito importante.

Como foi passar tanto tempo pesquisando a obra de um só autor?
Na verdade, estudei vários outros, mas não há dúvida de que a ênfase foi em João Cabral. A aproximação inicial foi devida à

Antonio Carlos Secchin

grande sintonia entre o que ele criava e o que eu, como leitor, valorizava: poemas de alto teor criativo simultaneamente claros e complexos. O poema apenas "claro", muitas vezes, tende a ser ingênuo ou panfletário. E me agrada percorrer a teia de seus versos para constatar que nela o "complexo" jamais se transforma no "confuso".

Quais são as lacunas que os estudiosos de João Cabral não comentam?
O próprio poeta observava que poucos destacavam o humor entre os atributos de sua poesia. Um humor cortante, quase agressivo, eu acrescentaria, bem típico de quem maneja uma faca só lâmina.

Por que João Cabral primeiro se encanta e depois repudia o surrealismo? Como você definiria o estilo da sua poesia?
O surrealismo só esteve presente nas produções iniciais do poeta, nos anos de aprendizado com seu mestre Willy Lewin. Logo a seguir, já em 1945, em *O engenheiro*, ele começa a se libertar da influência surrealista, situando-se resolutamente contra o idealismo de "mistérios" e de "essências" na poesia, em prol de uma arte solar.

João Cabral é sempre relacionado a *Morte e vida severina*. Por que você acha que isso aconteceu com o poeta que teve uma obra tão extensa? *O cão sem plumas* é também reverenciado, seria por falar do rio Capibaribe? Você menciona essa diferença entre o mais visível e o que precisa de uma leitura mais aprofundada...
Creio que a rigor ele se incomodava com o sucesso de *Morte e vida severina*, como se ele fosse – e não é – o poeta de um poema

Papéis de poesia II

só. *Morte e vida* foi impulsionado por algo além do livro — a exitosa montagem teatral, que acabou revertendo em benefício da consagração do texto, um *best-seller* absoluto na história editorial da poesia do país. É obra de grande qualidade, mas bem diversa de *O cão sem plumas*, que, de igual ou superior construção, não dispõe do mesmo grau de comunicabilidade.

Que livros você destaca que são ignorados pela maioria dos críticos, mas merecem atenção e por quê?
Considero que muitos se dão satisfeitos com a digamos, fase 1 de Cabral, que se encerra em 1968, quando ele é eleito para a Academia Brasileira de Letras e publica, com grande sucesso de público e de crítica, suas *Poesias completas*. Quando retorna ao verso, em 1975, o contexto cultural já é outro, o da "poesia marginal", e ele fica numa espécie de limbo, um poeta-"monumento" que pouco teria de novo a dizer. Mas não foi o que ocorreu: basta citar ao menos três grandes livros pós-1968: *A escola das facas*, *O auto do Frade* e *Agrestes*.

Por que você considera que as poesias sobre o Nordeste na Espanha e vice-versa são das mais importantes da obra de João Cabral?
Porque ele sempre associou esses dois espaços, referindo-se como os mais importantes de sua vida. Basta lermos "Autocrítica":

> Só duas coisas conseguiram
> (des)feri-lo até a poesia:
> o Pernambuco de onde veio
> e o aonde foi, a Andaluzia.
> Um, o vacinou do falar rico

e deu-lhe a outra, fêmea e viva,
desafio demente: em verso
dar a ver Sertão e Sevilha.

João Cabral elogia o concretismo, mas não defende os poemas de uma só palavra ou frase. Como você o colocaria em relação ao modernismo? E em relação às artes visuais?
Ele foi grato ao concretismo pelo papel fundamental que os poetas do movimento lhe atribuíram, reverenciando-o como o talvez mais importante poeta do país. As diferenças entre ele e os concretos eu examinei no ensaio "Marcas". Quanto ao modernismo: já na década de 1950 Cabral se distanciou de um traço formal básico desse movimento, o verso livre. Tampouco fez poema-piada. Nele, a visualidade está no poder evocativo das imagens, no que Ezra Pound chama "fanopeia", e não na espacialidade da página, como fizeram os concretistas e, de modo ainda mais radical, os autores do poema processo.

A temática da morte sempre vem em contraste com a luminosidade. Isso é uma característica pessoal, apesar de ele se negar a expor a primeira pessoa em seus poemas?
Penso que nele nem a morte é sombria. É ao ar livre, ou então temperada ou relativizada pelo humor, ácido embora. E tentei demonstrar que Cabral se revela em terceira pessoa, um "eu" que se diz através do outro ou dos outros que elege para representá-lo.

Como você vê a forma de João Cabral falar sobre a mulher?
Faz poesia erótica, não lírica, porque não relata sentimentos ou sequer nomeia a mulher: ele apenas observa, e o erotismo se infiltra nas imagens com que ele a descreve.

Para João Cabral, o trabalho poético era um trabalho manual. Essa afirmação será que vem da aversão ao lirismo que o afastou da poesia na adolescência?
Ele recorre a comparações com atividades manuais – as do ferreiro, do toureiro, do pescador – exatamente para retirar da poesia a aura do sublime, como efeito de inspiração reservada a poucos eleitos ou iluminados. Cabral não é um iluminado, é um iluminador.

Segundo você, *O Auto do Frade* tem obtido alguma atenção dos críticos, o que não houve quando lançado. Por quê?
Talvez porque, com a designação "auto", se esperasse um *"Morte vida II"*, e o novo trabalho era radicalmente diferente, com enormes dificuldades de transposição ao palco, mas nem por isso deixando de apresentar alta qualidade poética.

A escolha pelos ensaios da segunda parte do seu livro João Cabral de ponta a ponta teve algum critério?
Como a primeira parte ocupou-se, em sequência cronológica, dos vinte livros do poeta, na segunda cuidei de explorar temas transversais em sua poesia, e também busquei estabelecer aproximações ou diferenças dele em relação a outros escritores.

Se fosse fazer alguma(s) pergunta(s) a João Cabral hoje, qual faria?
João, tudo bem com os capítulos finais que escrevi e que você não chegou a ler? Se tiver algo a acrescentar ou retificar, me avise num sonho, embora eu desconfie de que você, com seu apego ao dia e à razão, provavelmente detestará valer-se desse veículo para comunicar-se comigo.

Gostaria de fazer alguma consideração?
Uma vez que Cabral dizia apreciar meu trabalho crítico sobre sua poesia, gostaria de que quem gosta da obra cabralina pudesse conhecer o que sobre ela escrevi, o que agora será possível graças à publicação da Cepe – Companhia Editora de Pernambuco. Mas antes, ou paralelamente a isso, o fundamental é ler a própria obra dele.

É possível dizer que João Cabral foi, ao mesmo tempo, um dos mais regionais e um dos mais cosmopolitas poetas brasileiros?
O diplomata e cosmopolita João Cabral, quanto mais percorria o mundo, mais fazia o poeta João Cabral tornar-se regional, ou melhor, pernambucano. Mas foi, paralelamente, o mais hispânico de nossos poetas. Aprofundou-se na história e na literatura da Espanha, traduziu García Lorca e escritores catalães, acompanhou com intensidade as manifestações populares da cultura espanhola, foi aficionado do canto flamenco e de touradas. Sua grande musa não foi uma mulher, mas uma cidade: Sevilha, a quem dedicou numerosos poemas e o derradeiro livro, *Sevilha andando*, de 1989.

João Cabral dizia que a grande arte não era a literatura, mas a pintura. Em 1942, escrevendo sobre *Pedra do sono*, Antonio Candido observou: "As palavras, que têm um poder sugestivo maior ou menor conforme as relações que as ligam umas com as outras, se dispõem nos seus poemas quase como valores plásticos, nesse sistema fechado que assume às vezes o caráter de composição pictórica, e a beleza nasce da sua interrelação". Seria por isso que, para João Cabral, a poesia deveria ter dimensão visual e não apenas auditiva?

Papéis de poesia II

Cabral era obcecado pela visualidade, tanto que, numa entrevista, declarou que, se tivesse de escolher uma divisa para sua poesia, recorreria ao título de um livro de Paul Éluard: *Dar a ver (Donner à voir)*. Infenso à música, disse-me que o Hino Nacional era a única melodia que reconhecia, de tanto ouvi-la em cerimônias diplomáticas. É elevado o número de artistas plásticos homenageados em sua obra, e de poemas que aproximam a literatura da pintura. Essa visualidade, no entanto, não se reduz à expressão figurativa, aponta antes para um jogo de formas, volumes, texturas, luminosidades, de que Mondrian seria ótimo exemplo.

João Cabral reconhecia mesmo *Morte e vida severina* como um de seus piores poemas porque o fez às pressas, sem ter trabalhado como os outros?
Morte e vida é obra de grande comunicabilidade, mas nada tem de apressada ou espontânea, ao contrário do que o próprio Cabral gostava de dizer. Foi fruto de minuciosa pesquisa em fontes ibéricas e pernambucanas que lhe forneceram os traços básicos dos autos natalinos tradicionais, magistralmente reconfigurados para o espaço da penúria nordestina. Não sem um laivo de ironia, dizia que o texto devia ser ruim porque Maria Clara Machado, que o encomendara, desistiu de encená-lo no teatro O Tablado. Creio, porém, que a minimização da qualidade de *Morte e vida*, por parte de Cabral, obedecia a outro propósito: o de, pelo contraste, jogar luz sobre o restante de sua produção. Deveria incomodá-lo a desproporção entre o sucesso de um livro e a acolhida bem mais discreta (em termos do grande público) de todo o restante.

Como aconteceu o dissenso estético que distingue a obra de João Cabral da de Drummond, o que até provocou um afastamento entre eles? Seria algo mais evidente quando a poesia de João Cabral, inicialmente difusa, torna-se mais clara e solar, com o passar dos anos?

Trato da questão no ensaio "Afagos e alfinetes". Na década de 1940, quando veio morar no Rio, Cabral nitidamente situava-se como "discípulo" e amigo de Drummond, padrinho de seu casamento com Stella. Nos anos 1950, com o crescente prestígio do jovem escritor – numa linha poética muito diferenciada da de CDA –, começam as divergências: o ex-pupilo tornava-se então um mestre. Tenho notícia de dardos – oblíquos – de um contra o outro, e com certeza havia pressurosos mensageiros que se incumbiam de transportá-los, bem envenenados, aos dois poetas. Com a carreira diplomática, os laços, já esgarçados, se romperam de todo. Mas, curiosamente, nenhum dos dois, publicamente, assumiu o distanciamento, como se fosse normal dois "amigos" ficarem trinta anos sem se falar.

Ainda sobre essa diferença estética entre eles, Cabral chegou a criticar Drummond como autor de uma poesia "derramada", a ponto de lhe causar engulhos. Era a poesia discursiva de Drummond que mais incomodava Cabral?

Numa entrevista a mim concedida em 1980, Cabral localizava a grandeza de Drummond apenas em seus livros iniciais, os mais ortodoxamente modernistas, da década de 1930. Incomodava-o, sim, a retórica, a grandiloquência da poesia drummondiana estampada no período seguinte, em especial na vertente engajada de *A rosa do povo* (1945). O culpado disso, segundo Cabral, seria Pablo Neruda, que aqui esteve para influenciar

Papéis de poesia II

negativamente, com sua dicção hiperbólica, a poesia brasileira da época.

Ainda tem razão o crítico Wilson Martins, que apontava Cabral como um solitário na literatura: sem antepassados conhecidos e sem descendentes reconhecíveis?
Sim, mas não no sentido depreciativo que o crítico lhe confere. Wilson Martins sempre fustigou Cabral por aquilo que ao crítico paranaense soava como excessivo cerebralismo, para ele incompatível com a emoção lírica, que, aliás, o poeta nunca buscou. Em nossa tradição poética, de fato, a obra de Cabral surge algo órfã. E permanece também sem descendentes, salvo os diluidores, os subCabrais que proliferaram sem proveito algum para nossas letras.

Seu livro *João Cabral: uma fala só lâmina* foi lançado originalmente em 2014 pela extinta Cosac Naify e agora ganha uma edição da Cepe – Companhia Editora de Pernambuco. Esta nova edição contém alguma novidade em matéria de análises inéditas?
Bom, para começar, o título é inédito. Gostaria de que o livro já em 2014 se tivesse intitulado *João Cabral de ponta a ponta*, não só porque estudo a obra do poeta da primeira à vigésima e última obra, mas porque a ideia de "ponta" é importante em seu projeto estético, e duplamente: ponta perfurante do que chamei "uma fala só lâmina", ponta de facas e foices que povoam seus textos; e "ponta de novelo", do discurso que ele tece e desenrola com paciência e precisão. Incluí ensaio inédito sobre a (conturbada) relação pessoal e poética entre Cabral e Drummond: muito próximos na década de 1940, e totalmente

Antonio Carlos Secchin

distanciados, praticamente rompidos, a partir de meados dos anos 1950 – ruptura, aliás, nunca assumida por nenhum dos dois. O poeta mineiro foi padrinho do casamento de João com Stella, em 1946. Cabral dedicou a Drummond o primeiro (*Pedra do sono*, 1942) e o terceiro (*O engenheiro*, 1945) de seus livros; como se fosse pouco, o segundo, *Os três mal-amados*, (1943) traz como epígrafe os versos inicias do poema "Quadrilha", de CDA. Além de um inédito caderno de imagens, a nova edição apresenta em apêndice dois documentos importantes: uma entrevista que o poeta me concedeu em 1980 e a transcrição de sua última palestra, realizada na Faculdade de Letras da UFRJ em 1993, aliás, com uma origem curiosa. Organizei na Faculdade um ciclo intitulado "Encontro com os poetas", a cada semana um escritor era convidado a dar um depoimento sobre sua trajetória. O ciclo se encerraria com Marly de Oliveira, segunda esposa de Cabral. Na véspera da apresentação, ele me telefonou, dizendo que ela estava adoentada, e se ele poderia substituí-la. Fizemos uma divulgação em tempo recorde, auditório superlotado, e João, que era tímido e reservado, sentiu-se à vontade, foi uma espécie de "canto do cisne" em termos de apresentação pública. Falou longamente, depois ainda se predispôs a dialogar com os estudantes e saiu aplaudido de pé.

Por que a faca? Melhor, por que a imagem da faca que só tivesse lâmina?
No extraordinário livro-poema *Uma faca só lâmina*, de 1956, o próprio poeta esclarece que a faca, reduzida à lâmina, seria arma contra o torpor de quem a porta, por exigir constante vigília, sem o conforto de um cabo. Daí decorre que quem a empunha

Papéis de poesia II

corre o risco de expor-se à autoagressão em momento de descuido – e esse tangenciar perpétuo do perigo é que deve mover o escritor, como se lê num poema em que Cabral equipara o poeta ao toureiro. Interessante como imagens do incômodo, do desconforto, povoam sua obra, não por um viés de aceitação do sofrimento, mas na perspectiva de que impedem a acomodação. Isso tem a ver com a conhecida depreciação da arte musical por parte do poeta, na medida em que para ele a música seria "anestésica" e soporífera por faltar-lhe referência concreta, por ser a mais abstrata e imaterial das artes. Conforme escreveu no poema "O Teatro Santa Isabel, do Recife", "a música e a oratória [são]/ teias sem nada, sem raiz [...] te envolvem, dissolvem, se vão".

Queria que você falasse sobre um famoso aforismo seu, "A poesia de Cabral nunca desistiu de ser também a poesia de João". Essa formulação me veio no desfecho de uma leitura que efetuei do poema "Descoberta da literatura", de *A escola das facas,* de 1980. Localizei o menino João Cabral no hiato entre a linguagem Casa-grande, culta, patriarcal, letrada, de que ele era natural herdeiro, na condição de um "filho-engenho", e a linguagem do cordel, popular, "letra analfabeta", que o garoto lia escondido para os trabalhadores da "senzala". Considerando-se o sobrenome uma espécie de "marca de origem", sustento que Cabral nunca se esquece de cultivar também seu lado simplesmente "João", daí advindo, inclusive, as famosas "duas águas" em que ele compartimentou a sua produção – de um lado os poemas densos e reflexivos, de outro os poemas "em voz alta", dentre esses o mais famoso, *Morte e vida severina.* Creio, porém, que tal separação não é tão rígida como o poeta parece indicar, pois há cruzamentos dessas duas linguagens em vários textos, poemas simultaneamente comunicativos e de requintada elaboração formal.

Essa espécie de dualidade (podemos chamar assim?) na coexistência de um evidente apuro formal junto a um crivo social marcante na obra de Cabral de certa forma tensiona as temáticas e os procedimentos literários?

Ele pensava que sim, que os poemas "em voz alta" seriam mais relaxados, porém me parece que o critério de "controle de qualidade" que Cabral sempre se exigiu impede um desnível entre as duas águas. Gosto de dizer que a poesia social, nele, é, antes de tudo, *poesia*, eventualmente (não exclusivamente) também *social*. O problema de boa parte da poesia engajada é que nela, com frequência, o adjetivo se sobrepõe ao substantivo. Não acredito na força poética de um texto que se propõe a veicular "verdades" que lhe sejam prévias. A "verdade", se existir, é construção, e se elabora a partir da primeira palavra do poema, que não pode reduzir-se a porta-voz de discursos alheios e anteriores, ainda que bem intencionados.

Como se dá essa aproximação que Cabral fez, ao longo de sua obra, entre o procedimento do poeta em relação à escrita e figuras como o engenheiro e o catador de feijão?

Há algumas constantes nas analogias que João Cabral estabelece entre escrever poesia e outras atividades. Por exemplo: a desdivinização da figura do poeta, quase sempre comparado a outros trabalhadores manuais: o pescador, o ferreiro, o toureiro, o catador de feijão. A valorização do produto criado com a mão na massa, proveniente de um contato com a superfície concreta do mundo.

Papéis de poesia II

E um correlato repúdio a "essências" e "transcendências", em prol daquilo que o olho vê e o corpo sente.

Analisando a poesia contemporânea hoje, da geração mais recente pós anos 2000, é possível observarmos alguma influência cabralina, mesmo que inconsciente? A impressão é de que Cabral foi uma referência mais intensa para quem começou a escrever nos anos 1980/1990, mas que depois passou a cair em desuso, digamos assim.

É bom que Cabral não seja mais o modelo preferencial para os contemporâneos, porque, a rigor, haveria o perigo da proliferação de subCabrais. Os grandes nomes podem gerar mais epígonos a redundar o que eles já fizeram do que fomentar continuadores críticos a partir do que foi feito. E sem essa dimensão da "continuidade crítica" a literatura se asfixia. Creio, porém, que João já se tornou referência incontornável, ao lado de Bandeira e Drummond, na medida em que não se pode mais ignorá-los, ainda que por um viés de recusa. E, em boa proporção, a poesia avança na recusa da fala que a precede, senão cairíamos na seara dos diluidores e da pura paráfrase. São inumeráveis as maneiras de dizer "não" à voz, às vezes paralisadora, de um grande Pai poético. O Pai Cabral — se me permite a expressão, esvaziada de conotação religiosa — foi particularmente renegado pela poesia marginal da década de 1970.

Conhecendo bem pessoa e obra, como você imagina João Cabral — que além de poeta foi diplomata — se posicionando diante de filho de presidente sendo cotado para embaixada norte-americana ou de vazamentos criminosos de petróleo no litoral nordestino? O rio de Cabral desaguaria como nesse mar?

Antonio Carlos Secchin

Não nos esqueçamos de que, delatado por um colega de Itamaraty, João Cabral, no começo da década de 1950, foi afastado de suas funções diplomáticas sob a acusação de ser simpatizante do comunismo. Foi mais tarde reintegrado ao serviço público e, politicamente, sempre foi identificado como um intelectual de esquerda. Retomando o que já respondi: Cabral nunca se esqueceu de ser João. Hoje, portanto, decerto estaria a favor dos Joões e Severinos que povoaram sua infância e desembarcaram, desidratados e famélicos, na sua poesia. Mas se posicionaria à maneira cabralina, ou seja, por via de uma "poesia do menos", que não se tece com dós de peito retóricos, e sim por meio do manejo da lâmina da ironia, ou do sarcasmo, contra os poderosos que agem apenas em benefício próprio. Ele nunca foi panfletário, e, talvez por isso, seus grandes livros de temática social não envelheceram: *O cão sem plumas, O rio, Morte e vida severina*, além de numerosos poemas disseminados em *A educação pela pedra*. Cabral sustentava que o escritor não precisava adotar tom de denúncia: bastaria dar a ver a realidade, que ela, a realidade, já emergiria como autodenúncia, sem precisar que se lhe acrescentasse em alto-falante o grito estentóreo do poeta.

Obs: em decorrência do centenário de nascimento de João Cabral de Melo Neto, o autor concedeu muitas entrevistas a jornais e sites da internet. Aqui se apresenta uma edição de todas elas, com algumas repetições pela recorrência de certas perguntas.

Autobiografia desautorizada

Esta é uma autobiografia desautorizada: "eu" não consegue lembrar-se totalmente de "mim". O "mim" é esquivo, oblíquo como um pronome, objeto sempre indireto ao desejo de um sujeito nele por inteiro refletir-se. O "eu" de agora poderia ser tentado a recompor fraturas, cobrir lacunas, atenuar contradições ao falar de um "mim" antigo.

Entre o vivido e o recordado se interpõe um mar brumoso de silêncio e desmemória. Narrar-se é lançar sinais e sentidos a esse mar, na tentativa inútil de resgatar incólume o náufrago de nós mesmos, todavia perdido, para sempre, numa ilha inacessível à prospecção da verdade. No entanto, insistimos em fazer autorretratos e autorrelatos, insistimos em crer nessa (im)possibilidade de que o passado retorne em seu fulgor, assim como as crianças creem que é o boneco, e não o velho ventríloquo, quem está a lhes entreter.

Esse eu ventríloquo e excessivo, que encharca o passado, e tudo o mais que lhe seja circunstante, necessita amparar-se em diversos outros bonecos, inclusive no outro que ele supõe ter sido, para, no ponto derradeiro do discurso biográfico, afirmar, jubiloso: eis-me aqui, enfim completo! Não, não estou aqui (porque o discurso, a cada momento, me impulsiona; já me localizo duas linhas à frente daquela em que afirmei situar-me). Tampouco passei por ali, naquele passado: quem lá esteve foi alguém que não mais sou, mas que finjo ainda ser-me para lançar uma ponte contra a incontornável consciência da descontinuidade e da dissipação. Situações, pessoas, bichos, livros, gozos, canções e paisagens se mesclam na matéria precária que argamassa a fictícia ponte.

A memória não é feita daquilo que queremos lembrar, mas daquilo que insiste em não se esquecer de nós. Por esse viés, somos a memória do outro: não existiria "auto", e sim, forçosamente, "alterobiografia". Neste depoimento, apresento, em ordem não cronológica, mas alfabética, certos seres e objetos que me assediam, e de que me abasteço para dar coerência e sustentação ao desejo de inventar-me sob a forma de alguma verdade; objetos e seres, porém, eventualmente temperados por antídotos, para relativizar minha própria crença em tudo isso.

**

Avô. Meu avô materno José Fuzeira era português, de Redondo. Apreciador incondicional de Camões e de Guerra Junqueiro. Autor de um livro de poemas, *Trovas de sombra e luz.* Adepto do espiritismo, informou-me que reencarnaria no Rio de Janeiro, em 2016, mas não disse em nome de quem, o que vai dificultar bastante sua localização. Logo após conhecer-me recém-nascido, chorou copiosamente. Preocupado, meu pai indagou-lhe o motivo do pranto. Respondeu que vira todo meu futuro: eu seria escritor! Até hoje não sei se o choro foi pela alegria de antever meu destino, ou de decepção pelos livros que escrevi.

Biblioteca. Antes de entrar na Universidade, tive uma vida de poucos livros em casa, embora de muita leitura (recorria a bibliotecas públicas). Hoje disponho de acervo especializado, com cerca de 12 mil títulos amealhados em andanças nacionais e estrangeiras. Sei que amar livros e amar literatura são atitudes distintas, mas, no meu caso, o amor às letras conduziu-me à bibliofilia, no afã de conhecer muitos textos que nunca ultrapassaram a primeira edição. De minhas residências anteriores, quase sempre fui expulso pela biblioteca, que clamava por maior espaço e disposição mais racional. Borges diz que sua ideia de paraíso corresponde a uma imensa biblioteca. Muito belo – mas quem irá espanar os livros e catalogá-los?

Bilhete. Gostava de escrever redações e poemas em datas especiais. Dia das Mães, Dia da Pátria, Dia do Professor. Em 1960, último dia de aula, redigi um bilhete de agradecimento à professora, Maria José de Britto. Em 2002, dei palestra sobre uma edição que acabara de organizar, com a poesia completa de Cecília Meireles. No fim, aproximou-se uma senhora. "Tome, guardei isso por quarenta anos porque tinha certeza de que iria reencontrá-lo". E me presenteou com o bilhete que, com carinho e cuidado, conservara por quatro décadas. Sete linhas singelas constituem minha única herança autoescrita da infância.

Carlos Drummond de Andrade. A primeira paixão poética: *A rosa do povo*, lido em êxtase aos 13 anos, numa época em que os manuais de literatura só reproduziam textos de poetas do século XIX. O século XX demorou sessenta anos para entrar na escola brasileira. O XXI ainda está na fila de espera.

Antonio Carlos Secchin

Ensaio. Por desdobramentos da própria atividade do magistério, acabei produzindo e publicando mais ensaios do que qualquer outro gênero. Todavia, desde o primeiro (*Poesia e desordem*, de 1996), ao mais recente livro (*Papéis de poesia*, 2014), procurei injetar no ensaísmo o prazer do texto propiciado pelo discurso poético. Ou seja: tento produzir uma prosa que não receie valer-se da metáfora, que não seja arrítimica. Em suma: que incorpore, sem descurar do rigor analítico, elementos do arsenal poético. Na minha última coletânea de poemas (*Todos os ventos*, de 2002), ousei incluir uma seção com algumas cintilações pretensamente poéticas, extraídas de meu discurso crítico. Dois exemplos, que ainda hoje endosso: "Como quase diz o ditado, promessas são dúvidas"; "O antinormativo é o imprevisível com hora marcada".

Faculdade de Letras da Universidade Federal do Rio de Janeiro. Aí se passou o melhor de minha vida, dos 17 (quando entrei como estudante) aos 59 anos (quando saí, como professor emérito). Aprofundei-me em Cesário Verde e Fernando Pessoa, graças às lições de Cleonice Berardinelli. Quando fui seu aluno no curso de graduação, em 1971, ela previu que eu faria carreira universitária. Hoje, aos 98 anos, com memória e dicção ainda prodigiosas, é minha confreira na Academia Brasileira de Letras, e uma estrela *pop* em recitais de poesia ao lado de Maria Bethânia e de Adriana Calcanhotto.

Infância. igual a todo mundo, passei poucos e longuíssimos anos na infância. Depois, gastei mais de cinquenta tentando retornar a ela, sem grande sucesso. Muitos se lembram dos primeiros presentes que ganharam, eu me recordo do primeiro fonema que conquistei: aos 2 anos, consegui articular com perfeição o /r/ antes do /l/, em Carlos. Meses após, na véspera de meu terceiro aniversário, antes de adormecer, decretei: "Estou ficando adulto". Queria de todo jeito aprender a ler, mas, para isso, tive, impaciente, de esperar até os 5. Muito cedo me senti atraído pelo campo da palavra, e o oposto dessa paixão se revelava no meu enfado e incompetência a tudo que fosse ligado à matemática.

João Cabral de Melo Neto. Dos grandes nomes já falecidos da literatura brasileira, foi o único de quem fui próximo. Certa feita, perguntou-me se achava que sua obra iria perdurar. Observei o contraste entre uma obra tão poderosa e um autor tão frágil e inseguro, a ponto de demandar o aval da posteridade a um simples professor universitário. Durante 35 anos e 20 livros, atravessei a obra de Cabral. Muitos estranham que minha poesia seja tão pouco parecida com a dele. Exatamente por isso: estudando em minúcia suas estratégias de composição, tratei de perceber os caminhos a evitar para não produzir uma cópia anêmica de sua vigorosa criação.

Morte. Uma das vantagens do epitáfio sobre a biografia é seu poder de síntese: 80 ou mais anos compactados em oito segundos. Se pudesse indicar alguns de meus versos para minha lápide, provavelmente escolheria: "Indiferente à vida ou ao inferno/ Não tenho tempo para ser eterno".

Poesia. O que desde sempre nela me atraiu foi a maravilhosa sensação de descomprometimento com o caráter utilitário da palavra. Deixar-me levar por um jogo cujas regras não são, nem podem ser pré-estabelecidas. Um espaço em que "helicóptero" é sinônimo de "girassol". Quem me garante que não, se o que vejo em ambos são pétalas em movimento?

Antonio Carlos Secchin, Rio de Janeiro, 2014

Procedência dos textos

Textos oriundos da transcrição de palestras, discursos, ou publicados em jornais apresentam-se, em maioria, sem as referências bibliográficas de praxe, mas atentou-se para a fidedignidade das citações que deles constam.

"Em torno do verso", em: jornal *Cândido*, nov.2018.

"A poesia na internet", em: *À margem da literatura*. Lisboa: UCCLA, 2019.

"Os trinta versos de um soneto", em: Mello, Elizabeth Chaves de (Org.). *Janelas para o outro*. Rio de Janeiro: Sette Letras, 2021.

"Um poeta alagoano", em: jornal *Rascunho*, mai.2020.

"Um poeta na Guerra de Canudos". Publicado com o título "O poeta de Canudos", em: Rio de Janeiro: *O Globo*, 5.10.2019.

"Os fantasmas clandestinos de Cecília Meireles", em: Rio de Janeiro: Editora UFRJ, 2013. *O Globo*, 22.6.2019.

"Uma efeméride: 100 anos de *Carnaval*". Brasília: *Revista da Academia de Letras do Brasil*, n.4, jul-dez.2020.

"João Cabral: tradutor e traduzido". 2ª Conferência Internacional das Línguas Portuguesa e Espanhola, CILPE 2022,

Complexo Brasil 21, Brasília, 16.2.2022. Publicada com algumas alterações na Revista *Nossa América*, n.56, 2020, sob o título: "Poeta, tradutor e traduzido: Encontrados cinquenta poemas inéditos de João Cabral de Melo Neto".

"À beira do poema", em: GALVÃO, Donizete. *O antipássaro*. Goiânia: Martelo, 2018.

"Uma tradução de "Mattina", de Ungaretti", em: jornal *Rascunho*, n.232, ago.2019.

"A rainha Sophia", em: http://www.suplementopernambuco.com.br/resenhas/2080-a-rainha-sophia.html.

"O tríptico do afeto". Brasília: ArtLetras, 2016.

"Geraldo Carneiro e os deuses da alegria", em: jornal *Rascunho*, n.206, jun.2017.

"Entrevista ao *Jornal de Letras*, Portugal", em: *Jornal de Letras*. Lisboa, 8 a 21 de maio de 2018.

"Autobiografia desautorizada", em: *Jornal de Letras*, Lisboa. 4 a 17 de julho de 2015.

Os demais textos são inéditos.

Obras de Antonio Carlos Secchin

Poesia

A ilha. Edição do autor, 1971. Plaquete fora do comércio.
Ária de estação. Rio de Janeiro: Livraria São José, 1973.
Elementos. Rio de Janeiro/Brasília. Civilização Brasileira/INL, 1983.
Diga-se de passagem. Rio de Janeiro: Ladrões do Fogo, 1988.
Poema para 2002. Rio de Janeiro: Cacto Arte e Ciência, 2002. Livro-objeto fora do comércio, tiragem de 50 exemplares.
Todos os ventos. Rio de Janeiro: Nova Fronteira, 2002.
Todos los vientos. Mérida: Ediciones Gitanjali, 2004.
Todos os ventos. Vila Nova de Famelicão: Quase Edições, 2005.
50 poemas escolhidos pelo autor. Rio de Janeiro: Edições Galo Branco, 2006.
Cantar amigo. Rio de Janeiro: Topbooks, 2017.
Desdizer e antes. Rio de Janeiro: Topbooks, 2017.
O galo gago. Rio de Janeiro: Rocco, 2018.
Desdizer. Lisboa: Imprensa Nacional-Casa da Moeda, 2018.

Ficção

Movimento. Rio de Janeiro: Faculdade de Letras da UFRJ, 1975.
Ana à esquerda e outros movimentos. Goiânia: Martelo Casa Editorial, 2022.

Ensaio

Poesia e desordem. Rio de Janeiro: Topbooks, 1996.

João Cabral: a poesia do menos. 2.ed. rev. ampliada. Rio de Janeiro: Topbooks, 1999.

Escritos sobre poesia & alguma ficção. Rio de Janeiro: Eduerj, 2003.

Memórias de um leitor de poesia. ABL/Rio de Janeiro: Topbooks, 2010.

Papéis de poesia. Goiânia: Martelo Casa Editorial, 2014.

João Cabral: uma fala só lâmina. São Paulo: Cosac Naify, 2014.

Percursos da poesia brasileira, do século XVIII ao XXI. Belo Horizonte: Autêntica/Editora da Ufmg, 2018.

João Cabral de ponta a ponta. Recife: Cepe – Companhia Editora de Pernambuco, 2020.

Papéis de poesia II. São Paulo: Editora Unesp, 2022.

Papéis de prosa: Machado & Mais. São Paulo: Editora Unesp, 2022.

Organização

Os melhores poemas de João Cabral de Melo Neto. São Paulo: Global, 1985.

Primeiros poemas de João Cabral de Melo Neto. Rio de Janeiro: Faculdade de Letras da UFRJ, 1990.

A problemática social na literatura brasileira. Revista Ibero Romania n.38. Tübingen: Max Niemeyer Verlag, 1993.

Antologia da poesia brasileira. Pequim: Embaixada do Brasil, 1994.

Antologia poética de Castro Alves. Rio de Janeiro: Funarte, 1997.

Poesia completa de Cecília Meireles. Rio de Janeiro: Nova Fronteira, 2001.

Piedra fundamental – poesia y prosa de João Cabral de Melo Neto (com Felipe Fortuna). Caracas: Biblioteca Ayacucho, 2002.

Poesia reunida de Mário Pederneiras. Rio de Janeiro: Academia Brasileira de Letras, 2004.

Os melhores poemas de Fagundes Varela. São Paulo: Global, 2005.

Os melhores contos de Edla Van Steen. São Paulo: Global, 2006.

Guia dos sebos. 5.ed. Rio de Janeiro: Lexikon, 2007.

Roteiro da poesia brasileira – Romantismo. São Paulo: Global, 2007.

As cidades e as musas de Manuel Bandeira. Rio de Janeiro: Desiderata, 2008.

Palavras e pétalas de Cecília Meireles. Rio de Janeiro: Desiderata, 2008.

Poesia completa e prosa de João Cabral de Melo Neto. Rio de Janeiro: Nova Aguilar, 2008.

Poesia completa, teatro e prosa de Ferreira Gullar. Rio de Janeiro: Nova Aguilar, 2008.

Os 25 poemas da triste alegria de Carlos Drummond de Andrade. São Paulo: Cosac Naify, 2012.

O guardador de abismos de Antonio Ventura. Rio de Janeiro: Topbooks, 2014.

Poesia completa de João Cabral de Melo Neto. Rio de Janeiro/Lisboa: Academia Brasileira de Letras/Glaciar, 2015.

Cancioneiro de Ferreira Gullar. Rio de Janeiro: Topbooks, 2015.

Poesia completa de João Cabral de Melo Neto. São Paulo: Alfaguara, 2020.

Sobre o Autor

Secchin: uma vida em Letras. Maria Lucia Guimarães de Faria e Godofredo de Oliveira (Org.). Rio de Janeiro: Editora UFRJ, 2013.

SOBRE O LIVRO

Formato: 13,7 x 21 cm
Mancha: 23,4 x 38,6 paicas
Tipologia: Venetian 301 12,5/16
Papel: Off-white 80 g/m² (miolo)
Cartão Supremo 250 g/m² (capa)

1ª *edição Editora Unesp*: 2022

EQUIPE DE REALIZAÇÃO

Coordenação editorial, edição
Cecília Scharlach

Preparação de texto, revisão
Andressa Veronesi

Capa
Andressa Veronesi
Cecília Scharlach

Imagem da capa
Maria Bonomi
Viagem pra Dentro, 1975
xilogravura
161x86cm

Tratamento de imagens
Jorge Bastos | Motivo

Editoração eletrônica
Sergio Gzeschnik (Diagramação)

Assistência editorial
Alberto Bononi
Gabriel Joppert

Rua Xavier Curado, 388 • Ipiranga - SP • 04210 100
Tel.: (11) 2063 7000 • Fax: (11) 2061 8709
rettec@rettec.com.br • www.rettec.com.br